経済学は役に立ちますか？

慶應義塾大学名誉教授
東洋大学教授
竹中平蔵

大阪大学教授
大竹文雄

東京書籍

経済学は役に立ちますか？

はしがき

経済学とは何か。役に立つものなのか。

多くの人は経済学を「お金の儲け方を研究する学問」だと思っているようだ。その次に多いのは、「景気を良くする方法を研究する学問」という印象だろう。つまり、金融政策や財政政策の在りかたを研究するというものだ。

どちらも間違いではないが、経済学の研究テーマはもっと多様であり、実際にも役に立つ。金融資産の運用方法や投資プロジェクトの評価方法は、経済学を学べばより上手にできる。ゲーム理論という経済学の分析枠組みを学べば、競争相手の戦略をより的確に読むことができるようになる。不況対策についても多くの研究者が研究している。行動経済学を学べば、人間が意思決定の際に系統だって間違いやすいことを知ることができるので、意思決定や行動を改善することができる。

しかし、経済学の研究テーマはさらに多様だ。医学の研究では、病気を治すための臨床研究をしている人もいれば、病気や人間の体の仕組みについての基礎研究をしている人もいる。基礎研究で明らかになったことが直接的に医療に生かされるとは限らない。しかし、基礎研究の積み重ねが、画期的な病気の治療法の開発につながることもある。同じように、経済学でも、経済の仕組みについての基礎理論的な分析があり、そうした理論的な成果をもとに実際の経済に応用していく研究分野がある。実際に経済を動かしているのは、企業や消費者であり、政府である。経済学者の仕事は、経済という分析対象を研究者として観察し、考察することだ。

経済学者の多くは、世の中の仕組みを明らかにして、その成果で世の中がより良くなることを願っている。しかし、経済学者の多くは、研究成果を自分で使うという経験をすることはめったにない。それは、経済学者の多くは、自分の最も得意なことに特化することが効率性を高めるという比較優位の考え方を信じているからでもある。
そのような普通の経済学者という枠に収まりきらなかったのが、日本の最も有名な経済学者の一人である竹中平蔵氏だ。竹中氏は小泉政権において、経済財政政策担当大臣、金融担当大臣、総務大臣を歴任し、日本の経済政策の司令塔として大活躍をされた。経済学者が政権に大臣として入り、政策運営の重要な役割を担ったというのは、日本では竹中氏が最初だ。いつも笑顔で、理路整然と弁舌さわやかで、何よりもわかりやすい説明ができるという意味で、人を説得することが必要な政治家としての資質にも恵まれた経済学者である。

正直言って優れた政治家でもあった竹中氏と対談するのは、圧倒的に不利な立場にある。非常に豊富な経験から、適切な事例を次々とあげて説得的な議論をされるからだ。また、政治家を経験されたうえに、現在は民間企業の経営者でもある竹中氏の議論は、意思決定者らしく、はっきりと政策に対して賛否を述べられるのが特徴である。それに対し、私の議論は、さまざまな限定をつけているうえに、政策に対する態度をはっきりさせることは少ないと、読者は感じられると思う。経済学の一研究者としては、はっきりわからないことについて、ここまでしかわかりませんということを言っておけば十分だ。今回の対談でも、私の議論の仕方には、その研究者特有の癖が強く出ている。

しかし、政策や経営の実務では、不十分な情報で、大きな不確実性があるなかで、なんらかの意思決定をしていかなければならない。研究者は、このデータがないとわかりませんと言っておけばいいが、実務の場では、その状況でなんらかの意思決定をする必要がある。私自身、国立大学の理事・副学長として2年間、そのような意思決定の現場にいたのでよくわかる。実務担当者が必要な情報を集めたりその場での意思決定をする手法と、研究者が研究を進めていく方法の間には、共通点も多い。しかし、最大の違いは、実務ではなんらかの意思決定を常にしていく必要があるという点だ。

竹中氏と私の対談を通じて、読者は経済学がどのようにして政策に使われているのか、使われていないのか、ということを知ることができる。また、研究者と政策担当者の両方の経験をもつ竹中氏と、研究者としての経験しかない私との間のギャップを知ることで、経済学という学問が、政策に有効に使われるためには、政策と研究の両方の世界の交流が必要だということを理解していただけるだろう。

研究者は幅広い関心の中で、重要なテーマを見つけて深く掘り下げていく。一方、政策担当者は次々と発生する政策課題の解決を時間との勝負で行っていく。両者に流れている時間はまったく異なる。政策担当者が研究者に質問をしても、わからないことがあるのは事実だ。

本対談では、日本の自然失業率は何パーセントか、という質問が竹中氏から私に投げかけられた。自然失業率よりも現実の失業率が低ければ、それは景気が過熱していることになる。逆に、自然失業率よりも現実の失業率が高ければ不況状態にある。政策担当者としては、重要なテーマである。残念ながらそれに対する確定的な答えはない。

本対談での話題の一つになったが、私が行った所得格差に関する研究が、竹中氏が経済政策の担当者だったときにエビデンスの一つとして使われた。私自身は、所得格差の問題が政策課題になるだろうと見越してそのような研究をしていたわけではない。純粋に所得格差の変動の要因を学問的な関心から研究していただけた。政策担当者がこのテーマでの研究が欲しいと思った段階で、研究者が研究を始めたのでは、とても間に合わない。将来このような政策課題が出そうだという情報を研究者と共有しておけば、研究者は研究成果を政策判断に間に合うように出せるだろう。

しかし、それでも将来どのような課題が発生するかを完全に予測することは難しい。そこで、研究者は自由な発想に基づいてさまざまな研究を数多くしておくということが重要だ。今必要だとされる研究を今始めても、研究成果が今の政策判断に間に合う保証はない。しかし、次回、似たような政策課題が発生したときに、きちんとしたエビデンスを提供できるように準備することはできる。そのくらいの時間感覚の差が政策担当者と研究者との間にはある。そうした両者の相違を是非、楽しんでいただきたい。

大竹文雄

第1章 エピソードに翻弄される世界
……いま日本と世界で何が起きているか？

第2章

経済学を学ぶと世の中が面白く見える？

第3章 経済的センスで考える

3 「働き方改革」の行方

4 「移民問題」は日本の問題でもある……152

第4章 経済学はもっと面白くなる！

第1章

エピソードに翻弄される世界

……いま日本と世界で何が起きているか？

1 富の再分配を放棄したアメリカ

「エピソード」の攻勢を受けて「エビデンス」は劣勢を強いられている

竹中　今の世の中を見るときに、語呂合わせみたいで恐縮ですが、「エビデンスかエピソードか」を考えるとわかりやすいように思います。

「エビデンス」というのは「実証分析に基づいた根拠」というような意味で、経済学者はエビデンスベースで分析して政策を提言します。例えば、ほとんどの経済学者は自由貿易が好ましいと考えます。自由貿易によって資源の最適な配分が実現され、経済の効率性が高まり、その結果として仕事が増え、世界全体の富が大きくなるというエビデンスがあるからです。アメリカの大学でよく使われる*グレン・ハバードらの経済学のテキストには、「政策問題に関し、エコノミストの間では常に異なった見解が存在する。しかし、最も幅広い合意があるのは、自由貿易が経済全体に大きな利益をもたらす点だ」と書かれています。

ところが、*トランプ大統領の登場以降のアメリカでは「エピソード」があふれ、それによって政策が決められようとしています。「エピソード」とは「興味深い短い挿話」というような意味で、どちらかといえば話の本筋とは関係のない話が多く、例えば、「メキシコの自動車工場でつくられたクルマが輸入されるので、町が悲惨な状況になった」というような類の話です。確かに、政治的にはエピソードのほうが強い力を持つかもしれませんが、経済学者がエビデンスに基づいて冷静な議論をしようとしても、一部の政治家はエピソードに基づいて間違った政策をとろうとしているようにしか見えません。

トランプ大統領が誕生する以前のアメリカでは、*『ニューヨーク・タイム

グレン・ハバードらの経済学のテキスト
R・グレン・ハバード／アンソニー・パトリック・オブライエン『ハバード経済学Ⅰ入門編／Ⅱ基礎ミクロ編／Ⅲ基礎マクロ編』竹中平蔵・真鍋雅史訳、日本経済新聞出版社、2014年。

トランプ大統領
2016年の米大統領選挙で勝利。2017年1月20日第45代アメリカ合衆国大統領に就任。

『ニューヨーク・タイムズ』
ニューヨークに本社を置く日刊高級紙。1851年創刊。

ズ』や『ワシントンポスト』*に書かれていることが一応尊重され、ある政策を決定する際にはエビデンスが重要だという暗黙の合意がありました。しかし、エピソードのほうが強烈な印象を与えることもあって、エビデンスはもはやあまり役に立たないというような方向に、アメリカだけではなく世界中が動きはじめているように思います。

これから大竹さんとデフレの問題や働き方改革などさまざまな政策イシューについて議論していきたいのですが、その際の大前提はエビデンスに基づいた議論をすることです。しかし、世界の政策決定の現状は、エピソードの攻勢を受けてエビデンスは劣勢を強いられているようで、私は大きな懸念を持っています。

今の状況を生み出したのは、分配問題を放置したアメリカ自身の責任

大竹　エビデンスが重要だというのはそのとおりだと思います。そして、経

*『ワシントンポスト』　ワシントンに本社を置く日刊高級紙。1877年創刊。

済学の教えるところによれば、自由貿易や市場メカニズムによって効率性が上がり、世界全体の富は最大になることも確かです。ただ、後で詳しく議論することになると思いますが、自由貿易や市場メカニズムには陰の部分があることも事実です。市場取引があれば誰もがより良くなるわけではありません。つまり、自由な市場取引には誰でも参加できるけれども、誰でも市場で取引を成立させることができるわけではないのです。たまたま所得や資源に恵まれていない人は、市場で取引そのものができない状態に置かれるということもあります。自由な市場取引でより悪くなる人はいないかもしれないけれど、誰もがより良くなるわけではないのです。

今、アメリカでの政策決定がエピソードに基づいた議論になってしまっているのは、現実にラストベルト*という存在があるからです。かつてアメリカの重工業と製造業の中心地帯であり、世界的に比較優位*があった地域が今は零落の一途をたどっている。経済学で考えれば、そこで働いている人たちが他の地域や産業に移ればいいということになるのですが、労働者本人にとってみれば、年も取っているし、いまさら別の仕事をしたくないというのが本

ラストベルト
「錆びついた地帯」。明確な定義はないが、五大湖周辺のイリノイ州、インディアナ州、オハイオ州、ペンシルバニア州、ミシガン州の5州とされることが多い。

比較優位
自分の最も得意とする分野に特化・集中することで、互いにより高い利益を享受できるという経済学の考え方。

音だと思います。

　では、どうしたらいいかといえば、経済学者は富の再分配をするという政策を提言します。活気あふれるシリコンバレーやニューヨークで生み出される膨大な富の一部を、ラストベルトの労働者に再分配すれば、社会全体としては良くなっていくはずだからです。しかし、現実には富の再分配がうまくなされないために、労働者たちの不満が高まっていた。

　そういう状況のもとで、トランプ氏が大統領選で「社会全体の富なんかどうでもいい」「経済成長率が下がってもかまわない」「ラストベルトに雇用を持ってきさえすればいい」と言って大統領に選ばれたわけです。そう考えると、エピソード中心のアメリカの状況を生み出したのは、そこまで悪化していた分配問題を放置したアメリカ自身の責任だと思います。

竹中　確かに大竹さんがおっしゃるとおり、市場競争は必ずいろいろな歪みを生じさせるので、それを正していく政策が同時に進行しなければいけないけれど、そういうことに無頓着なアングロサクソンの社会であるイギリスとアメリカでこういう問題が最初に出てきている。そして、当然のことながら、富の再分配の問題も「エビデンス」で考えなくてはいけない。

大竹　そうですね。

竹中　ところが、トランプ大統領は「再分配しましょう」については一言も言及していません。例えば、メキシコからの輸入に関税をかけると言っていますが、それによって困るのは貧しい人たちです。関税がかかれば、その分だけモノの値段が上がるからです。クルーグマン教授*がどこかで書いていましたが、「不満を持つ貧しい人たちはトランプ大統領に投票したけれども、この人たちの生活はもっと貧しくなる」。そういうことが今アメリカで起きていると思います。

大竹　おっしゃるとおり。

正論を吐くジャーナリストや正統派のエコノミストが、頑張らなければいけない

竹中　ただ、今のところエピソードが強い力を持っている。トランプ大統領

*クルーグマン
Paul Robin Krugman（1953－）アメリカの経済学者。現在、ニューヨーク市立大学大学院センター（CUNY）教授。2008年度ノーベル経済学賞受賞。

は、フォード・モーターに圧力をかけて工場のメキシコ移転を止め、これで800人程度の地域の雇用が守られると誇らしげに言う。しかし、アメリカの労働市場では1日平均約7万5000人がリストラされ、新しい職場に移っていく。その中で800人の雇用維持にどれだけの意味があるというのだろうか。

また、トランプ大統領はオバマケア*を廃止しようとしているので、実は貧しい人を助けることとは逆のことを行おうとしている。結局のところ、再分配もエビデンスベースで行うべきなのに、エピソードだけが独り歩きしていて、経済学が描くのとはまったく違う世界が出現しているわけです。

大竹　そうですね。そういう世界が出現している背景としては、分配問題が深刻になってきたときに、わかりやすいエピソードをもとに、「メキシコからの移民のせい」だとか、「中国からの輸入のせい」だと現象を単純化して説明し、あたかもそれを取り除けば問題がすぐに解決できるかのような錯覚を起こさせたということがあります。そのため、メキシコ国境から入ってきた労働者が自分の仕事を奪っていると思った人たちは、メキシコ国境沿いに

オバマケア
アメリカの医療保険制度改革の取り組み。オバマ前大統領が2008年アメリカ大統領選挙で公約として掲げ、2010年3月に成立。完全実施は2014年。

壁ができれば自分の仕事が元に戻ると思って喜ぶ。また、自動車メーカーがメキシコに工場を移転したために自分の仕事が失われたと思っている人たちは、トランプ大統領が自動車メーカーに対してアメリカに工場を造れと言うと喝采する。

竹中さんがおっしゃるように、トランプ大統領はエピソードをうまく利用して政策の方向を決めている。それに対抗するためには、経済学者がエビデンスをしっかり出して政策提言をすることしかないと思います。しかし、わかりやすいエピソードにエビデンスで対抗するのは、なかなか大変で相当頑張らないと難しいのが現状ですね。

竹中　アメリカの話に偏ってしまいますが、トランプ政権には三つのグループがあると言われています。一つは、ゴールドマン・サックス出身のムニューチン*財務長官に代表されるような元経済人・実務家であり、もう一つはマティス*国防長官に代表される元軍人です。そして、もう一つがスティーブ・バノン*氏に象徴されるホワイトハウスの側近たちです。初めの二つのグループの人たちは、実は現実をよく知っているので、ある程度エビデンスに基づ

ムニューチン財務長官
Steven Terner Mnuchin（1962―）元ゴールドマン・サックスの共同経営者。2016年大統領選挙でドナルド・トランプ陣営の財務責任者を務める。

いて政策を行うと考えられますが、バノン氏は結果的に失脚しましたが、いずれにしても大統領の側近は、次の選挙に勝つことが目標であり、政治的なエピソードを積み重ねようとしている。

つまり、今のトランプ政権の状況は、エビデンス重視派とエピソード重視派のバランスですべての政策が決まっていくということですが、問題はエピソード重視派がどこまで力を持ち続けるかです。エピソードだけではアメリカ経済は悪くなるばかりですから、今はそれを見極める重要なポイントであり、そのためにも正論を吐くジャーナリストや正統派のエコノミストが、頑張らなければいけないときだと思います。

マティス国防長官
James Mattis（1950－）渾名："Chaos" "Warrior Monk" "Mad Dog" 元海兵隊大将。アメリカ統合戦力軍司令官、NATO変革連合軍最高司令官、アメリカ中央軍司令官を歴任。

スティーブ・バノン
Stephen Kevin "Steve" Bannon（1953－）右派のインターネットメディア経営者。2017年1月にアメリカ合衆国首席戦略官・大統領上級顧問に就任、同8月18日辞任。

2 非効率的な富の再分配を続ける日本

「地方」という切り口だけでおカネが地方自治体に配られている

大竹　ヨーロッパも同じような状況ですね。幸い日本は、失業問題がそれほど深刻ではないので、アメリカやヨーロッパと同じようなことは起きてはいませんｎ。ただ日本では、政治力が強い高齢者に対する優遇措置が大きくなりすぎていて、アメリカのラストベルトの貧困問題との対比で言うと、「高齢者の貧困問題」が最重要視されていて、そこにおカネが回っているというのが、日本で起きているエピソードベースの問題です。

竹中　「地方の疲弊」というのもそうですね。再分配の問題で、日本が真面目に議論しなければいけないのは、ベーシックインカム*あるいは給付付き税額控除*といった制度をどう取り入れるかということだと思いますが、いまのところそういう方向にはありません。とにかく地方に対する交付税を増やそうという話ばかりで、それが約100兆円という史上最大の予算につながっている。

実際、日本では実態が見えない形で再分配が行われています。いま、地方の自治体には、うまく使える方法がないか頭を悩ませるくらいたくさんのおカネが流れていて、それが巡り巡ってなんらかの形で比較的所得の低い層にも少しは回るような仕組みになっている。だから、もっと明確に所得を補償するとか、効率的な使い方をしないといけないのに、そういうことをしないので、中間で膨大な無駄が生じて、それを搾取する人たちが出てきている。

大竹　おっしゃるとおりで、都会でも困ってる人がたくさんいるのに、「地方」という切り口だけでおカネが配られているのが実態です。

竹中　まさに「地方」はグッドエピソード。

ベーシックインカム
basic income. 政府がすべての国民に対して最低限の生活を送るのに必要とされている額の現金を無条件で定期的に支給するという考え方。

給付付き税額控除
税制の仕組みの中に社会保障の機能を組み入れ、納税額の還付だけでなく給付まで行う仕組み。

大竹　そうですね。竹中さんがおっしゃったように、ベーシックインカムまでいくかどうかは別にして、給付付き税額控除とか勤労所得税額控除*については、大方の経済学者は再分配政策として賛成している。では、なぜ今までそれができなかったかといえば、所得捕捉が完全ではなかったからです。誰にでも同じ金額を配分するベーシックインカムなら所得が完全に捕捉できなくても可能です。しかし、不完全な所得捕捉という状況の下で低所得層向け給付の仕組みをつくると、低所得ではないのに低所得だと申告する人が増えてしまい、総額が大幅に膨れ上がってしまうという問題がありました。しかし、マイナンバー制度*ができて、所得捕捉率はかなり高くなるので、いまこそ給付付き税額控除あるいは勤労所得税額控除の導入を真剣に議論すべきだと思います。

勤労所得税額控除
Earned Income Tax Credit：EITC。低所得の勤労世帯の就労を促しつつ、所得再分配効果を高めることを目的とするアメリカの税額控除制度。

マイナンバー制度
日本に住民票を有するすべての人（外国人も含む）に12桁の番号を付ける制度。2016年1月からマイナンバーの利用開始。

年金機構と国税庁を一体化した歳入庁が効率的に歳入を確保すればいい

大竹　実は、政府税調*でもこの問題を議論することがあるのですが、話題にはなりますが、財務省が積極的に給付付き税額控除を推進しているとは思えないのです。なぜかというと、財務省は国税として税を取ることはできるけれども、「給付」を行っていないからです。給付付き税額控除といったとたんに厚生労働省の仕事になってしまう。つまり、「税」と「給付」を一体にするインセンティブは各省庁にはまったくないので、これは政治家がリーダーシップを取ってやらなくてはいけないことです。

例えば幼稚園と保育園のケースも同じことで、幼稚園は文部科学省、保育園は厚生労働省の管轄だった。それをミックスするために「認定こども園*」をつくったのは内閣府であり、新しい組織をつくってようやくできるようになった。つまり、省庁の壁をまたぐような施策を行うのは、現在の日本の役所のシステムではかなり難しいのが現実です。

政府税調
政府税制調査会。内閣府の審議会等の一つで内閣総理大臣の諮問に応じて、租税制度に関する基本的事項を調査審議する。

認定こども園
就学前の子どもに幼児教育と保育を一体的に提供する機能と、地域における子育て支援を行う機能を持つ施設。2006年10月創設。

竹中　まさにおっしゃるとおりで、社会保障と税の一体改革*は本来、厚生労働省と財務省の一体改革だったわけで、これは縦割りでは絶対できなかった。

　実は、社会保障と税の一体改革は歳出面の改革ですが、それを歳入面から見ると、歳入庁を作るという話になる。われわれは公的部門におカネを払っていますが、税金は国税庁（財務省）で、社会保障関係費は年金機構*（厚生労働省）です。年金機構はかつて記録さえ保管できないような組織だったし、法人を十分に把握できていないので、国税庁と一体化して効率的に歳入を確保すればいい。

　しかし、歳入庁を財務省のもとに置くのか、厚生労働省に置くのか、それとも内閣府に置くのか、役所の権限争いになるので、各省庁とも嫌うわけです。国家権力というのは直接的には税と警察の上に成り立っていて、税は巨大な力を持っている。そこが財務省の最後の砦みたいなものなので、容易には手放さない。

　国税庁はそれなりの資源を持っているので、社会保険料も徴収することができれば、政府全体の歳入は一気に数兆円増えるでしょう。歳入庁の創設と

社会保障と税の一体改革
社会保障の充実・安定化と、そのための安定財源確保と財政健全化の同時達成を目指した改革。2012年8月に関連8法案が成立した。

年金機構
日本年金機構。保険料徴収や年金給付などの公的年金（厚生年金・国民年金）に係る一連の運営業務を担う非公務員型の特殊法人。2010年1月1日発足。

給付付き税額控除を一体的に行うことができれば、安倍内閣は歴史に名を残すことになるはずです。

大竹　そうです。誰もがそれがいいと思っていて、財務省の役人も本音ではそれができたらいいと思っている。

竹中　そう。

大竹　彼らだって、予算が限られている中で、本当に貧しい人を探し出して、そういう人たちを助けたいという気持ちは持っているはずです。

3 機能マヒ状態の日本の政策委員会

日本のポリシーボードでは利益相反が平気で行われている

竹中　大竹さんがおっしゃるように、霞が関や永田町*の人たちは、個人としては一所懸命いろいろ考えている人が多いけれども、一つの利害を持つ組織として行動する結果として、現在のような状況になっている。したがって、そこに楔を入れる役割が必要であり、それを行うのが経済財政諮問会議*や規制改革会議*のようなところで、そこに入る民間議員の人たちは相応の政策的

霞が関や永田町
国の政治の中心地の代名詞。ほとんどの中央官庁があることから中央官庁や官僚を「霞が関」と呼び、国会議事堂、総理大臣官邸などを「永田町」と呼ぶ。

な視点を持っていなければいけない。しかし、現実には必ずしもそうなっていない。私は霞が関や永田町の責任も大きいと思いますが、そこに入ってくる民間議員の責任もきわめて大きいと思います。

　大竹さん、政府税調ではいかがですか。

大竹　税調の場合は、学者と経済団体、労働団体、マスコミという構成で、学者以外の民間の人たちは基本的には業界団体の意見を言う立場ですね。

竹中　それではポリシーボード*とは言えません。自分たちの立場をヒアリングで説明するのは問題ありませんが、ヒアリングの対象になるような人たちがポリシーボードの中に入っているのは問題です。露骨に言えば、被告人が陪審員の中に入っているようなもので、それが日本の霞が関の制度です。こんなことをしてはいけないのに、日本のポリシーボードではまさに利益相反が平気で行われている。

大竹　そうですね。私は厚生労働省のいくつかの委員会にも入っていますが、ほとんどの委員会に労働組合と経営者団体の代表者が入る。彼らはまさに利害関係者で、委員会では連合*の人は連合の意見を言うし、経団連の人は経団

経済財政諮問会議　経済財政政策に関し、関係国務大臣や有識者議員等の意見を十分に政策形成に反映させることを目的として、内閣府に設置された合議制の機関。2001年1月中央省庁再編で設置。

規制改革会議　内閣総理大臣の諮問を受け、経済社会の構造改革を進めるうえで必要な規制改革を進めるための調査審議を行い、内閣総理大臣へ意見を述べること等を主要な任務として設置。

民間議員　内閣府に設置される重要政策会議に参加する民間の有識者議員のこと。内閣

連としての意見を言う。極端な話、ある委員会が開かれる直前に厚生労働省のビルの前で行われたデモの先頭に立っていた人が、デモで演説をした後、そのまま委員会に委員として参加することもあります。だから、委員会の委員として自由な意見なんか言えるはずはないわけで、本来何があるべき姿かという議論ではなく、その組織のために何を言うべきかという姿勢になる。

ポリシーボードは国民全体のために どういう政策がいいかを議論する場

竹中　私が金融担当大臣として不良債権処理*を行った時には、独自のチームをつくって、金融審議会*では議論をしてもらわなかったという経験があります。金融審議会は、利益団体の集まりであり、きちんとした議論ができるはずはないと考えたからです。専門家だけを集めてチームを作って政策を議論し、金融界の人からヒアリングをするという形をとったのですが、独裁者だと批判されました。でも、それが本来の姿だと思います。

府設置法により議員の４割以上を民間議員で構成することが規定されている。

ポリシーボード
policy board. 政府の中で政策を調査・審議する場。ポリシーボードの各メンバーは閣議の決定にどのように影響を与えられるかを戦略的に考える。

連合
日本労働組合総連合会。日本の労働組合のナショナル・センター（中央労働団体）。１９８９年に結成。加盟組合員は約６８０万人。

不良債権処理
２００２年に小泉内閣の下で行われた「金融再生プログラム」の一環。貸出債権の査定方法を強化し、自己資郵政民営化*にしても、郵政審議会*で議論してたら、絶対に決まらない。だから、それとは別の有識者会議をつくって、郵政審議会にはまったく諮りませんでした。しかし、次に総務大臣になって驚きました。総務省の委員会の会議は体育館みたいな広い場所で行われるのです。委員が真ん中に座り、その後に各団体の応援団が何十人もいて、まさに大竹さんがおっしゃったような姿になっていたわけです。

日本では、ポリシーボードは国民の意見を聞くべきだと言われますが、それはヒアリングで行えばいい。ポリシーボードは国民全体のためにどういう政策がいいかを議論する場であって、国民の声を反映する場としては国会がある。ポリシーボードを本来の意味での「政策を専門家が議論する場」にしないと、結局は、今の多くの審議会がそうであるように、委員には言いたいことだけ言わせて、あとは役所が与党と調整しながらまとめるというように、いわゆる隠れみの的な審議会になってしまう。

大竹 おっしゃるとおりだと思います。特に政府税調について言うと、大枠党税調*でほぼ決まっているので、政府税調で議論できる範囲は非常に狭い。

本が不足する銀行には必要に応じて公的資金を注入した。

金融審議会
内閣総理大臣、金融庁長官および財務大臣の諮問に応じて、金融制度、金融資本市場等、金融の重要事項について調査・審議を行う組織。

郵政民営化
小泉内閣が「行政改革の本丸」として行った郵政三事業（郵便・簡易保険・郵便貯金）の民営化政策のこと。

郵政審議会
総務大臣の諮問に応じて、有線テレビジョン放送法、電気通信事業法、郵便法などに関わる事項を調査・審議するための場。

また、直近の具体的なことについてはほとんど議論しない。中長期的なことを議論するということばっかりやっていて、そこで決まった方針が一体どこまで実現するのか、よくわからないところもあります。

審議会では、いろいろな答申や中間報告を出します。それは中教審*も同じです。私は政府の審議会や研究会の委員に初めてなった頃、審議会の場で抽象的なことを議論する意味がまったくわからなかったけれど、後々の政策の展開を見ると、そこに入った一言の文言を頼りに法律が作られていくことがわかってきました。役人はそう仕組んでいて、慣れた委員はそれをよくわかっていて、特定の文言を入れようとする。

竹中　「足跡を残す」ということです。

大竹　それは、ちょっとした驚きでした。

エピソードで政策論議をする委員たち

竹中　英語の「オーソリティー」は、日本語では「当局」とか「権威」と訳

党税調
税制調査会。自由民主党の審議機関の一つで、税に関する制度、税率の変更の決定・答申を行う。自民税調ともいう。

中教審
中央教育審議会。文部科学大臣の諮問に応じ、教育や学術、文化に関わる政策のうち最も基本的な重要事項を審議して提言する機関。

されますが、語源は「オーサー」で、「ものを書く人」という意味だそうです。つまり、審議会の報告の案文や法律の案文を書く人が重要だということで、たとえ政治家や議長が大きな方向を決めたとしても、結局は法案を書く人が大きな力を持つ。

「○○のために努力する」と「○○する」ということはまったく意味が違うとか、何年までにという年限を入れるとか、そこが重要なのです。若いころ私は、なぜ法学部を出た人が政策をつくるのか疑問に思っていましたが、法律を勉強した人のほうが経済学を勉強した人よりもそういうテクニックを持っているらしい。だから、大竹さんがおっしゃるように、審議会の委員は、この文言だけは入れておけというように「足跡」を残そうとするわけです。残念ながら、それが今の政策の決まり方です。

ところで、労政審*はどうですか。

大竹　学者などの公益委員、労働側委員、経営側委員の3者構成になっていますが、公益委員以外は、利害関係者の集まりのような感じです。

竹中　しかも、労働者の代表として連合が出ますが、組合組織率は20パーセ

労政審
労働政策審議会。厚生労働大臣の諮問に応じ、労働政策に関する重要事項の調査審議を行う機関。公益代表委員・労働者代表委員・使

ントを切っているわけですから、連合が労働者を代表しているとは言えない。つまり、労政審でいろいろな議論があったとしても、連合が労働者を代表するというフィクションのもとに、一部の利害関係者が合意したことだけが決まっていくという仕組みになっている。そのあたり全体の枠組みをどう変えていくかが本当は問われている。

大竹　*産業競争力会議や*未来投資会議はどうですか。

竹中　議員として出席している多くの方は、「自分の会社では」という話をします。もちろん参考になる面もありますが、そういう話はヒアリングでやればいいのであって、会議には知識人あるいは専門家として入っているのだから、「うちの会社では」という話はしてはいけない。

実は、*中室牧子さんが何かに書いていた面白いエピソードがあります。経済財政諮問会議で教育改革の議論をしたときの話ですが、まず*黒田日銀総裁が「私の経験では」という話をし、次に民間議員が「私の会社では」と言い、*甘利大臣が「私の知っている教育者の話によると」と言ったそうです。これはすべてエピソードですね。

用者代表委員各10名は厚生労働大臣が任命。

産業競争力会議
経済財政諮問会議と連携して、経済対策の実施や成長戦略の実現のための司令塔である日本経済再生本部の下に開かれる会議体。２０１３年１月に第１回開催。２０１６年９月廃止。

未来投資会議
将来の経済成長に資する分野への投資拡大に向けた成長戦略と構造改革の加速化を図るための会議。内閣総理大臣を議長とし、関係国務大臣や有識者が参加。２０１６年９月設置。

前にも言いましたが、エピソードに基づいて政策を議論してはいけないのに、現実にはそういうことが行われている。今、多くの民間の人が政策プロセスに関与していますが、そういう人たちの問題意識がきわめて低いということです。よく民間の人が、政治家には企業経営のことがわからないと言いますが、民間人には政策はわからないのではないかという疑問を自分に投げかけて、真摯に勉強する必要があると思います。

大竹　おっしゃるとおりで、教育の問題はエピソードベースの議論が主導的になってきたので結果的に国民は大きな被害を受けていると言えます。国立大学の大学教育についてはほとんどの人がエピソードベースの話に終始するし、初等中等教育についても、「私の経験では」と言って40年も50年も前の話をする経営者がいる。

竹中　基本的には、横の交流がないことが最大の要因だと思っています。つまり、異分野について語れる人がいない。政治家の中には企業経営の経験者はほとんどいないし、金融庁の中には金融取引をやった人がいない。一方、民間の人は企業経営の努力だけを積み重ねてきたので、霞が関のシステムや

中室牧子
1975年奈良県生まれ。1998年慶應義塾大学卒。米コロンビア大学Ph.D.。専門は教育経済学。現在、慶應義塾大学総合政策学部准教授。

黒田日銀総裁
黒田東彦。1944年福岡県大牟田市生まれ。大蔵省（現・財務省）入省後、同財務官、一橋大学教授、アジア開発銀行総裁等を経て、2013年に第31代日本銀行総裁就任。

甘利大臣
甘利明。1949年神奈川県厚木市生まれ。自由民主党所属衆議院議員。労働大臣、経済産業大臣、内閣府特命担当大臣（規制改革）、

永田町の仕組み、さきほど言った一言の重みなど、なかなかわからない。それはその人の能力が低いわけではなく、そういう経験をする場がないということだと思います。

内閣府特命担当大臣（経済財政政策）等を歴任。

第2章

経済学を学ぶと世の中が面白く見える？

1　新古典派経済学から行動経済学へ

社会還元の一つの方法が本を書くこと

大竹　実は先日、高校生に経済の授業をしたのですが、一人の高校生から「どうして本を書くのか」と聞かれ、質問の意図が完全にはわからなかったので、「なぜ本を書くのか」ということと「どのように本を書くのか」という二つの回答をしました。

まず、「なぜ書くのか」についてですが、自分で見つけたことや考えたことを、自分だけがうれしいと思っていても、それはそれでいいのですが、それだけでは世の中の価値はまったく増えていない。書いた本を一般の人に読んでもらい、それを何かに利用してもらったり、あるいはそれを楽しんでもらったりすることではじめて世の中で価値が生じるということです。研究成果にしても同じことで、論文の形にして発表し、それを人が読んではじめて価値が出る。何かを発表しない限りは大きな価値を生み出さないので、本を書き論文を書くということだと思います。

また、「どのように書くのか」ということですが、やはり読み手のことを考えて書かないと意味はないという話をしました。とかく書き手は自分中心で、自分がわかったとおりに書く。しかし、それではだめで、私は一人の編集者にずいぶんと鍛えられたという話をしました。実際、一所懸命書いても真っ赤になって返ってきて腹が立ちましたが、よく考えてみると、編集者にさえわからない文章が他の人にはわかるはずがありません。

竹中　なるほど。私は研究者とか学者は非常に恵まれた立場を与えられていると思います。自由に問題を整理して、いろいろな人と議論し、いろいろな書物を読みながら問題意識を深めていけるからです。その研究成果がどの程度役に立つかどうかわからないけれども、社会に対する還元の一つの方法が本を書くことだと思っています。社会への還元の方法は、例えば大学で講義をすることや講演することなどいろいろありますが、本を書くこともその重要な手段だと思います。

「経済学を使って予測できればお金儲けができる」と考えて経済学部へ進学

竹中　ところで、私は大竹さんの著作の愛読者の一人なんです。

大竹　恐縮です。

竹中　お世辞ではなく、例えば『経済学的思考のセンス』*をはじめとする大竹さんが書かれた本は、いろいろな社会の現象を経済学的なものの考え方で解明していて、実に見事です。

大竹　ありがとうございます。

竹中　もともと大竹さんは、個別の事象をどのように理解したらいいかというところに興味を持っていて経済学を勉強しようと思ったのですか。

*『経済学的思考のセンス――お金がない人を助けるには』中公新書、2005年。

大竹　いまから考えると、きっかけは１９７３年の第一次石油ショック*だったように思います。

私の実家は金物屋で、その当時中学2年生だった私は、店にある商品に価格の改定シールを貼るという作業を手伝わされたのです。輸入に頼っている原油の価格が4倍に値上がりして、日本中が大混乱に巻き込まれ、いろいろなモノの価格がどんどん上がったので、もともと商品に印刷されていた定価よりも高い価格が新しい定価になっていって、古い価格の上に新しい価格シールを貼っていったのです。

ただ、その時に感じた素朴な疑問は、仕入れ値は変わってないのになぜ値上げするのかということでした。ひょっとしたら、それは悪いことなんじゃないかと感じた記憶が残っています。

また、テレビでは連日のように株価上昇や物価上昇を報じていました。そこで私は、「そうか。株価や物価の動きが予測できたら、大儲けできるはずだ」と考えたんです。

竹中　すごい中学生だったんですね。

石油ショック
1970年代に2回（第一次：1973年、第二次：1979年）起きた原油の供給逼迫および原油価格高騰とそれによる世界の経済混乱。石油危機(oil crisis)、オイルショック。

大竹　今考えてみるとお恥ずかしい限りですが、「予測できればお金儲けできる」ということが経済に対する最初の関心であり、それで経済学部に行きたいと思うようになったのです。

竹中　私はその年に一橋大学を卒業して、当時の日本開発銀行*に入ったのでよく覚えていますが、確かに当時の日本は社会的にも経済的にも大きく混乱していましたね。

大竹　竹中さんがなぜ経済学に興味を持ったかという話は、どこかで読んだような気がしますが、私とは違ってもっと高尚な話でしたね。

竹中　そんなことはありません。私が高校生だった1960年代後半の日本は高度成長が終わりかけていていろいろな歪みが表面化して、日本社会がある意味で方向性を見失っていた時代でした。大竹さんのようにきちっとした考えがあったわけではなくて、どうしたら世の中が良くなるんだろうということをぼんやり考えていただけです。

日本開発銀行
経済再建と産業開発の促進を目的とする長期資金の供給を行うために設立された政府金融機関。1951年設立。1999年日本政策投資銀行に業務を承継。

経済学部にお金儲けの講座はなかった？
：新古典派経済学が万能と考えられていた時代

竹中　大竹さんは、そういう興味から始まって京都大学の経済学部から大阪大学大学院に進み研究者になり、学術的な論文を発表するかたわら、Ｅテレの「オイコノミア」*で経済学の普及活動をしたり、政府の審議会などでいろいろな提言に携わったりしておられますが、これまでいくつかのエポックがありましたか？

大竹　エポックですか……。そうですね。最初は、エポックというよりショックといったほうがいいと思いますが、お金儲けができると思って入った経済学部にそういう授業がまったくなかったことです。

竹中　そうですか。

大竹　「えーっ？」って思いました。これから景気が良くなるかどうかとか、物価が上がるかどうかということがわかるようになるのかと思ったら、アダム・スミス*やマルクス*がどうしたという古い話の授業ばかりで、自分が

オイコノミア
ＮＨＫ Ｅテレのテレビ番組。２０１２年４月３日放送開始。

アダム・スミス
Adam Smith（1723–1790）スコットランド生まれ。イギリスの哲学者、倫理学者、経済学者。経済学の父。主著は『道徳感情論』（１７５９年）、『国富論』（１７７６年）。

マルクス
Karl Heinrich Marx（1818–1883）プロイセン王国生ま

考えていた「経済」とはかなり違うのでがっかりしたことを覚えています。

ただ、大学3年生の時にエポックが訪れました。西村周三*先生のゼミで経済学の面白さを学んだのです。西村先生は、経済学を学ぶと世の中の仕組みをよく理解できるという話をよくされていて、齋藤誠*さんや岩本康志*さんなどのゼミの仲間といろいろ議論しているうちに、中学生の時に感じたこととは違うけれども面白そうだと考えるようになり、経済学研究の道に進もうと思うようになったのです。

大学卒業後は大阪大学の大学院に行き、そこでは新古典派*経済学をたたき込まれました。人間は合理的に行動するということを前提に、経済学の数学モデルを勉強したわけです。そして、この新古典派経済学で世の中を見ると、実際よく見えたように思いました。その頃、西村周三先生は在外研究でアメリカに行っていて、当時アメリカで生まれつつあった行動経済学*に触れ、合理的行動には限界があるということを書いた手紙をいただいた覚えがあります。ただ、当時の私は新古典派経済学を必死に勉強していて、それで世の中を見ようと張り切っていたので、「合理的行動には限界がある」なんて書き

れ。哲学者、思想家、経済学者、革命家。資本主義の必然的崩壊論を展開。主著は『資本論』。

西村周三
1945年京都生まれ。京都大学教授、国立社会保障・人口問題研究所所長などを経て、現在、京都大学名誉教授、医療経済研究機構所長。専門は医療経済学。

齋藤誠
1960年愛知県生まれ。京都大学経済学部卒。Ph.D.（マサチューセッツ工科大学）。現在、一橋大学大学院経済学研究科教授。専門はマクロ経済学、金融経済学、財政学、金融論。

岩本康志
1961年高知県生まれ。

送ってくる西村先生は、いったい、どうされたんだろうと思ったことを今でも鮮明に覚えています。

竹中　よくわかります。当時は新古典派経済学が万能だと考えられていた時代でしたから。

大竹　1980年代半ばころだったと思いますが、西村周三先生の忠告に耳を傾けようともせず、とにかく新古典派経済学で世の中を説明しようと一所懸命に研究していました。そして、1980年代終わりころから日本の不平等（所得格差）についての研究を始め、その結果わかったのは、当時は不平等度がどんどん上がっていたけれども、そのほとんどは実質的な格差拡大ではなく、年齢構成や世代構成の変化で説明できるということでした。

ところが世の中では、格差拡大が強く叫ばれている。どうして数字と実感がこんなにも違うのかと疑問でした。そこで2000年代はじめころから、「格差感」や「幸福感」について研究をはじめて、客観的な状況だけではなく、心理的な状況も考えないと世の中は説明できないことがわかりました。そして、10年以上も前に西村周三先生から紹介された行動経済学の考え方と

京都大学経済学部卒。京都大学経済研究所助教授などを経て　現在、東京大学教授。専門は公共経済学。

新古典派経済学
neoclassical economics. アダム・スミスに始まる古典派経済学の理論を継承、発展させた理論体系。自由な市場が資源の合理的配分をもたらすと考える。

行動経済学
behavioral economics. 心理学的に観察された事実を経済学の数学モデルに取り入れていく研究手法。1990年代以降急速に発展し、米国では主流派経済学の一部として扱われている。

再び出会うことになったわけです。もともと私の専門は労働経済学*だったので、労働者の行動が必ずしも合理的ではないとわかっていたこともあり、2000年代以降は行動経済学に大きく舵を切ったということです。

労働経済学
labour economics. 労働に関わる諸問題を解明し、人々の幸福を高めることを目的として、労働市場の働きを経済学の視点から研究する学問。

2 経済学の理論と政策の現場

「経済学を使うとエキサイティングに世の中を議論することができる！」

竹中　なるほど。今のお話をうかがいながら、大竹さんが書かれたいろいろな本が思い浮かんできました。

大竹　そうですか。ありがとうございます。

竹中　私も大学に入ってからの出来事をいろいろ振り返ると、いくつかのエポックやショックがあったように思います。

先ほども言いましたが、世の中を良くするために大学で経済学を勉強しようと思ったのですが、私が大学に入学した年は大学紛争が頂点に達していた時で、東大の入試がなかったのですが、一橋大学でもほとんど授業がなかったような時代でした。また、経済学の教科書を勉強しはじめてすぐに出会った言葉が「無差別曲線*」で、いったいこれはなんだ、何の役に立つんだと思って、大きなショックを受けたことを鮮明に覚えています。

そして、何を勉強していいかわからなくなってしまったのです。ところが私が大学3年生だった1971年にニクソン・ショック*が起きました。アメリカのニクソン大統領が電撃的に中国を訪問し、経済面では金とドル紙幣との交換を停止したのです。これによって1ドル＝360円の固定相場制の時代が終わって変動相場制*に移行し、その後スミソニアン協定*で1ドル＝308円に一時的に固定されましたが、その後再び変動相場制へと移行したのです。

この一連の動きは私にとってとても興味深いものでした。「なんだ、これは」ということから始まって、「なぜ為替レートは動くのだろうか」という素朴な疑問が生まれ、当時、次々に発表された国際通貨改革案に関する論文

無差別曲線
indifference curve. 同じ満足度が得られる財の組み合わせを結んだ曲線。等効用線ともいう。消費者行動の分析に用いられる。

ニクソン・ショック
Nixon Shock. 1971年8月15日にアメリカのニクソン大統領が電撃的に発表した金・ドル交換停止のこと。同年7月の訪中発表とともに世界秩序を変革する2大方針転換となった。

など読み漁り、「何て面白いんだ」と思ったことを覚えています。

特に、「これはすごい」と思ったのは新自由主義の経済学者*ミルトン・フリードマンでした。今は変動相場制が当たり前ですが、当時は、特に産業界を中心に、変動相場制なんてとんでもないという考えが主流で、イェール大学の*ロバート・トリフィン教授が「*流動性のジレンマ」を主張し、フランスの*ド・ゴール大統領の経済顧問だった*ジャック・リュエフ教授は「金本位制への復帰」などを提唱していた時代でした。そういうなかにあって、ミルトン・フリードマン教授の考え方はとても新鮮で、こんなふうに考えたら、世の中を面白く見ることができるかもしれないと思ったのです。

大竹　『*資本主義と自由』ですか？

竹中　そうですね。

大竹　ミルトン・フリードマン教授は１９７６年にノーベル経済学賞を受賞しましたね。

竹中　当時、日本では*新古典派総合が主流で、ミルトン・フリードマンはどちらかといえば異端視されていたように記憶しています。

変動相場制
floating exchange rate system. 外国為替市場における外貨の需要と供給の関係に任せて為替レートを自由に決める制度。フロート制とも呼ぶ。

スミソニアン協定
Smithsonian agreement. １９７１年12月にワシントンのスミソニアン協会本部ビルで開催された10か国蔵相・中銀総裁会議で合意された通貨の多角的調整に関する取り決め。

ミルトン・フリードマン
Milton Friedman（1912–2006）アメリカの経済学者。マネタリズムを主唱し、ケインズ的総需要管理政策を批判。１９７６年ノーベル経済学賞受賞。主著は私は大学を出て、日本開発銀行（開銀）に就職することになるのですが、これもエポックでした。私が就職先に開銀を選んだ最大の要因は、開銀の中にあった設備投資研究所の所長が下村治*さんだったからです。今の若い人はほとんど知らないかもしれませんが、下村治さんは池田内閣の所得倍増計画の理論的バックボーンだった人です。日本経済は高度成長できるという下村さんに対して、都留重人*さんや大来佐武郎*さんなど当時のそうそうたる学者たちが、そんなことはできないと言いました。結果的には日本経済は下村さんの予測をも上回るような高度成長を実現したわけです。

今から振り返ると、ハロッド＝ドーマー*の成長モデルを当てはめて予測したということだと思いますが、当時、下村さんの論文集を読んで思ったのは、「経済学をうまく使うとこんなにエキサイティングに世の中を議論することができる」ということでした。そして、経済学はすごく面白いかもしれないと思い始めたわけです。

『資本主義と自由』。

ロバート・トリフィン
Robert Triffin（1911–1993）ベルギー生まれ。国際通貨基金為替局長、イェール大学教授などを歴任。世界中央銀行の設立を主張。主著は『金とドルの危機』。

流動性のジレンマ
ドルを基軸通貨とする国際通貨制度のもとでは、ドルの供給増とドルの信用維持の同時達成はできないということ。ロバート・トリフィンが1960年に指摘。

ド・ゴール大統領
Charles André Joseph Pierre-Marie de Gaulle（1890–1970）フランス第18代大統領。

経済学の考え方と政策現場との間には巨大なギャップが横たわる

竹中　その後、留学する機会をいただき、ハーバード大学でベンジャミン・フリードマン教授の授業を聞いたときに、まさに目から鱗が落ちるような思いをしました。

大竹　三つめのエポックですね。

竹中　そうです。当時の日本では、経済学と日本経済論は別々の存在でした。経済学の手法を日本経済に当てはめて、実証的に分析して議論するというスタイルはまだ確立されていなかったからです。ところが、ベンジャミン・フリードマン教授は、アメリカ経済論と言いながら経済学と同じ話をする。経済学ではこういうことができるのかということに気づいて、とても刺激的でした。

そのときにまとめた論文をもとに、『研究開発と設備投資の経済学――経済活力を支えるメカニズム』（東洋経済新報社、１９８４年）という本を書

ジャック・リュエフ
Jacques Rueff（1896–1978）フランスの経済学者。パリ経済研究所教授、仏銀行副総裁、ド・ゴール大統領経済顧問などを歴任。

『資本主義と自由』
Capitalism and Freedom, 1962. 邦訳：村井章子訳、日経BP社。

新古典派総合
市場機能を重視する新古典派経済学と裁量的な財政・金融政策の有効性を主張するケインズ経済学を融合した考え方。

下村治
1910–1989年。佐賀県生まれ。戦後を代表する官庁エコノミスト。都留重人らとの「成長論争」は戦

き、サントリー学芸賞をいただきました。また、その後、大蔵省の財政金融*研究室に移り、貯蓄のことを研究する機会に恵まれました。これはたまたまのことですが、投資を研究した後に貯蓄を研究することになったので、いわばマクロ経済を両方から見るようなことになり、マクロの経済政策全体を議論することができるような立場に身を置くことになったわけです。その当時、香西泰*さんが経済学の手法を使って日本経済を実証分析していましたが、そういうことをやっていたのは経済企画庁の『経済白書』くらいだったように思います。

大竹　確かにそうですね。当時、実証研究をしていたのは学界よりも経済企画庁と日本銀行（日銀）の金融研究所の人たちのほうが活発でした。合理的*期待形成仮説を日本で最初に紹介したのも日銀の金融経済研究所の研究員で、後に日銀総裁になった白川方明*さんですね。

竹中　ところで、経済学を勉強し、経済学を研究し、経済分析をやっているときに一つだけよくわからなかったことがあって、それは、なぜ経済学部出身者ではなく東大法学部を出た人が日本の経済政策を担っているのか、とい

後最大の経済論争。池田勇人内閣の「所得倍増計画」の理論的バックボーン。

都留重人
1912-2006年。東京都生まれ。ハーバード大学Ph.D.。1947年片山内閣の下で第1回の経済白書『経済実相報告書』を執筆。一橋大学学長などを歴任。

大来佐武郎
1914-1993年。中国大連生まれ。第2〜5回の『経済白書』を執筆。海外経済協力基金総裁、第2次大平内閣外相などを歴任。

ハロッド＝ドーマーの成長モデル
1930年代から40年代にかけてロイ・ハロッド（Roy Forbes Harrod,1900-1978）

うことでした。

大竹　それで、小泉内閣の時に経済財政政策担当大臣などを務められたということですね。

竹中　そう。小泉さんに言われたからなんですが、よく引き受けたなと今では思います。私にとってのもう一つのエポックでした。

　そもそも「政策」は、基本的には細かな行政手続きの積み重ねであり、細かな法律行為の積み重ねです。だから、過去の関連まで含めた深い手続き論をクリアしない限り、現実の経済政策の話はできないし、経済の話を真空状態で議論しても実はほとんど意味がない。そして、政治科学は「権力論」と「政策決定の政治プロセス」の2通りに分かれるのですが、日本で政策決定の政治プロセスを分析している政治学者はほとんどいない状況でした。今は若い研究者がたくさん出てきたんですけども、当時は東北大学の*大嶽秀夫さんや慶應義塾大学の*曽根泰教さんくらいだったと思います。

　大臣になってからは、実際の政策が決められていく現場を見て、これと経済学の考え方とのギャップをどのように埋めたらいいのかということを考え

とエブセイ・ドーマー（Evsey David Domar,1914–1997）により発表された経済成長モデル。

ベンジャミン・フリードマン　Benjamin Morton Friedman（1944–）アメリカの経済学者、ハーバード大学教授。専門はマクロ経済学、金融論。

財政金融研究室　1979年大蔵省大臣官房調査企画課に設置。1985年財政金融研究所、2000年から財務総合政策研究所。

香西泰　1933年兵庫県生まれ。経済研究所総括研究官、東京工業大学教授、内閣府経済社会総合研究所所長な

るようになり、それ以降、実際にどのようにしたら世の中を変えられるかということに関心がどんどん移っていったということです。

しかし、若いころは、佐和隆光*さんが『経済学とは何だろうか*』の中で紹介していますが、物理学者の論文のように数学モデルを作って、それをデータに当てはめて実証していくという経済学のスタイルに憧れを持っていました。しかし、ふと気がつくと、自分はそういう分析からずいぶん離れたところで政策を議論しているとも感じています。

でも、とにかく、昆虫学者が昆虫になったかのように、政策の研究主体が研究客体になるという経験をして、それをどう埋めて伝えていったらいいのかということが、それ以降の大きな関心になっていると思います。

ギャップを埋めるために
伝統的経済学から行動経済学へ

大竹　いまのお話は、私が大学生か大学院生のころのことで、経済学の最先

どを歴任。第7代政府税制調査会会長。

合理的期待形成仮説
rational expectations hypothesis. 市場経済を構成する経済主体は入手できるすべての情報を駆使して最も合理的に将来を予測するという仮説。1970年代にロバート・ルーカス(R.Lucas：1995年ノーベル経済学賞受賞)やトーマス・サージェント(T.J. Sargent)らが提唱。

白川方明
1949年福岡県生まれ。日本銀行理事等を経て、第30代日本銀行総裁。論文：「『合理的期待』仮説について」『金融研究』第4号、1979年9月。

端の研究ってそういうところにあるのかと思ったことを覚えています。実際、日本の学界では実証研究はまだそれほど盛んではなく、私も経済企画庁や日銀で行っているような研究をしてみたいという気持ちは確かにあったように思います。

もう一つ、いまお話をうかがいながら思ったことは、政策の現場では経済学の理論どおりにはいかないのではないかということです。それは、行動経済学を研究するようになって、ますます強く感じるようになりました。例えば、行動経済学で最もよく知られているのは「損失回避」ですが、損が見えると誰もその政策を絶対に受け入れようとはしないということです。そこで、政策にアプローチする行動経済学の有名な研究があって、それは、プラス面*とマイナス面をミックスした法律にすることによって、プラス面だけの政策に見せることができるというものです。

確かに、そうでもしないと、政策を実現するのはなかなか難しいということは実感としてわかります。政府の税制調査会（税調）の特別委員として議論していても感じるのは、伝統的な経済学では歳出はどうあるべきかをまず

大嶽秀夫
1943年岐阜県生まれ。京都大学法学部卒。東北大学教授、京都大学教授などを歴任。著書『現代日本の政治権力経済権力』（三一書房、1979年）で第1回サントリー学芸賞受賞。

曽根泰教
1948年神奈川県生まれ。慶應義塾大学法学部卒。慶應義塾大学法学部教授、同大学大学院政策・メディア研究科教授などを歴任。

佐和隆光
1942年和歌山県生まれ。東京大学経済学部卒。経済学博士。京都大学経済研究所教授、同研究所所長、滋賀大学学長などを歴任。

決めて、そのために必要な税収を考えるというように、歳出と税収を完全に分離して考えているけれども、それでは政策としてはうまくいかないのではないかということです。税だけを考えると増税しか見えないですから、国民にとっては損失としか受け取れません。伝統的経済学であれば、国民は税だけを考えるのではなく、給付や公共支出まで考えて合理的に判断すると想定されていますから、それでいいのかもしれません。しかし、行動経済学的に考えると、歳出をどうするかということとわかりやすくパッケージにしないと、損だけが目立ってしまって、国民に反対されるということになります。委員会では誰も賛成してくれないのですが、増税分を何に使うのかという話を同時にしないと政策は動かないと思います。

例えば、教育費を増やすということも、伝統的経済学からすると教育財源を何に求めるかを考えるのはナンセンスな問いで、おカネに色がついているわけではないので、まずはお金を工面して、それを教育に使えばいいということになりますが、現実には、教育のために何を増税するかというスタイルにしないと、世の中は動かない。

『経済学とは何だろうか』
岩波新書、1982年。

政策にアプローチする行動経済学の有名な研究
Milkman, K.L., Mazza, M.C., Shu, L.L., Tsay, C.-J., & Bazerman, M.H. (2012). "Policy bundling to overcome loss aversion: A method for improving legislative outcomes," *Organizational Behavior and Human Decision Processes*, 117 (1), 158–167.

竹中　そうですね。

3　経済学の世界と霞が関の世界

非合理の中に真実がある！

竹中　結局のところ、世の中は「非合理の中に真実がある」ということがきわめて重要なポイントだと思います。とはいうものの、そういうことも含めて「合理的」に説明しようというのが、広い意味での経済学の努力であって、だから行動経済学が注目されている。

もう一つ付け加えれば、アメリカでは必ずソーシャルセキュリティのナンバーカードを取得させられます。日本では「納税者番号」と言ったために大問題になり、30年越しになりますが、２０１６年にようやく「マイナンバー」が実現したわけです。なぜこんなに時間がかかってしまったかといえば、先ほど大竹さんが言われたように、片側からしか見なかったからです。ソーシャルセキュリティナンバーはベネフィット（利得）に対して与えられる番号であるのに対して、納税者番号はペイン（痛み）に対して与えられる番号です。こういうことは現実の政策を実現させるためには重要なことです。

大竹　そうですね。実は、アメリカで、２００１年と２００３年に消費刺激のために行われた「ブッシュ減税」*の効果はなかったことを実験で明らかにした研究があります。なぜ効果がなかったかというと、それは「戻し税」という名前を付けたからだというのです。戻し税と言われると、本来払わなくてもよかったものを払っていて、損をしたものが戻ってきただけだと思う。それだと、所得が実質的には増えていないと思うので、たとえお金が戻ってきても使う気にならない。しかし、それを「ボーナス」と言えば、特別に入ってきたボーナスで、所得が増えたように感じるので喜んで消費として使うだろうということです。

「ブッシュ減税」の効果はなかったことを実験で明らかにした研究
Epley, Nicholas, Dennis Mak, and Lorraine Chen Idson. "Bonus or Rebate?: The Impact of Income Framing on Spending and Saving," *Journal of Behavioral Decision Making*, 19 No. 3 (July, 2006): 213–27.)

この研究から日本の政策の失敗も説明できます。2015年9月に財務省は消費税率10パーセントになった時の軽減税率の代わりに、マイナンバーを使っての「還付金」という案を出して、世間からは大きな批判を浴びました。なぜかといえば、ネーミングが悪いからです。たぶん、「ボーナスポイント」というような名前にすればまだよかったと思います。「還付」という名前を付けている民間のカードなんてありません。すべて「ポイント」が付加される仕組みです。民間企業はそういうことがわかっているからそうしているのに、行政は受け手というか国民の感情を考えないでネーミングしてきたわけです。

竹中　「Perception is a part of the reality」（知覚したものこそが現実だ）という言葉がありますが、人間は経済合理的に判断して行動するという経済学の前提を超越しないと、現実の政策は議論できないということです。

しかし、人間は合理的に行動するということを前提にして分析しないとエビデンスも出てこないという困ったことが起きてしまいます。実は私は大学のゼミでは、経済政策の実証分析というテーマで、消費関数や投資関数を推計させて、それに基づいてどういうことが政策的に言えるかということをずっと教えてきました。実際、学生の学力レベルはどんどん上がってきて、私の研究室出身で大活躍している中室牧子さんの『「学力」の経済学』*を見ても、エビデンスの重要性はよくわかります。一方で、実際に政策の現場にいると、直接使えるエビデンスは十分にはないのです。

例えば、郵政民営化、あるいは不良債権処理をすれば何が起こるかということを、エビデンスに基づいて厳密に議論することなどできない。いろいろな実証分析を行い、いろいろなことを経験し、積み木細工のようにそれを幾重にも重ね合わせ、例えばこういうことをすれば、こういうことが起こるのではないかというようなことをある程度正確に予測できるというような仕組みは、まだ十分に確立されていないと思います。

「知識人は政治家を軽蔑し、政治家は知識人を軽蔑する」というロマン・ロ*ーランの言葉がありますが、これはそれぞれの立場に立つととてもよくわかる気がします。政策の立場にいるときは、申し訳ないけれどもやはり学者からは役に立つ答えはなかなか出てきませんでした。不良債権処理のときも、

*『「学力」の経済学』
ディスカヴァー・トゥエンティワン、２０１５年。

*ロマン・ローラン
Romain Rolland（1866－1944）フランスの作家。『ジャン・クリストフ』『魅せられたる魂』などの作品で知られる。１９１５年にノーベル文学賞受賞。

どうしたらいいかを、金融分野の名だたる学者に聞いたけれども、何もアイデアは出てきませんでした。そのときに知恵を本当に出してくれたのは、東亜燃料工業の元社長で日銀政策委員などを歴任した中原伸之[*]さんや木村剛[*]さんたちでした。つまり経済学をよく勉強した実務家でした。

日本のエコノミストと称する人たちは、きわめて安直なコメントをする

大竹　2年間ほど大阪大学の理事として大学経営の実務をした経験から言えるのは、経営者はよくわからないことも含めて常に意思決定をしなければいけないのです。

竹中　十分な情報もなくてね。

大竹　そうです。研究者であれば、「ここまでやってきてここまではわかるけれども、これ以上はわかりません」と言えばそれですみますが、実務家として意思決定するときは、「わからないので判断はしません」ではすまない。

中原伸之
1934年東京都生まれ。東京大学卒。東亜燃料工業代表取締役社長、日本銀行政策委員会審議委員などを歴任。優れた業績をあげた若手経済学者を対象にした「日本経済学会中原賞」創設。

木村剛
1962年富山県生まれ。東京大学経済学部卒。日本銀行入行後、日本振興銀行社長などを歴任。2002年、金融庁金融分野緊急対応戦略プロジェクトチーム・メンバー。

実務をしていたときは、わからない中で、とにかく何らかの意思決定をしなければいけないという気持ちはいつも持っていました。すべての材料はそろっていないし、本当のところはわからないけれども意思決定をする。ただ、その時に経済学的な思考は役には立ったと思います。

研究と実務はスピード感がまったく違います。研究は正しいことを求めて、ここまでわかったということを一歩ずつ進めていけばいいけれども、実務は時間が重要であり、即時に判断しなければいけないことも多いので、わからない状況の下で意思決定をしなければいけないというのはおっしゃるとおりだと思います。

竹中　確かに、大竹さんがおっしゃるように、研究者はとても重要な役割を担っていて、さまざまなエビデンスを長期的に積み重ねていき、研究者としていろいろな物事を考えるなかで、さまざまなことを見通す力を養っていくべきです。ところが、現実には、例えば「この政策についてどう思います」とマスコミに聞かれて、答えるための材料が十分にないのにもかかわらず、気楽なコメントをするエコノミストがかなり多い。

それに対して、アメリカの経済学者ゲーリー・ベッカー*が書くエッセイはとても抑制的でした。例えば、イラクに侵攻してサダム・フセイン政権を倒した後、アメリカはイラクの民主化政策を進めたが、それは間違いだと書いています。つまり、長期的にみると経済が発達すれば民主化は進むというエビデンスはあるけれども、民主化すれば経済が発達するというエビデンスはない。だから、民主化を進めるのではなくて、経済を立て直すことから始めるべきだというのです。これは、まさにエビデンスを踏まえたきちんとしたコメントだと思います。

ところが、日本のエコノミストと称する人たちは、きわめて安直なコメントをする。それに、マスコミもキチンと経済学がわかった人に話を聞くべきだと思います。

大竹　日本でもかなり実証分析は盛んになってきましたが、アメリカと比べるとまだ層が薄い。アメリカでは何か問題が起きても、その分野の研究者が必ずいる。そのくらい裾野が広いけれども、日本では誰か研究していないかと探してもほとんど見つかりません。そこで、自分で研究しなければわから

ゲーリー・ベッカー
Gary Stanley Becker（1930-2014）コロンビア大学教授、シカゴ大学教授などを歴任。人的資本研究のパイオニアの一人。1992年ノーベル経済学賞受賞。

ないということになる。
つまり、日本の経済について、わかっているエビデンスそのものが限られているというのは事実です。また、おそらく実務や政策と学界との乖離というかギャップがかなりある。本来なら、実務家あるいは政策担当者が学界に対して、こういうことを知りたいという投げかけをして、学界がそれに応えるのが当然だということにならなければいけない。そうなれば、研究者もそういうことをしなければいけないという意識を持つようになり、そういう研究が高く評価されるという循環が出てくる。もちろん研究者自身の自発的な問題意識や好奇心から優れた研究が生まれてくるのは事実ですが、実務家や政策担当者が直面する問題をよく知れば、それに応えたいという気持ちが研究者にも自然に生まれてくると思うのです。

竹中　大竹さんがおっしゃるとおりで、日本では「ポリシーインテレクチュアルズ*」という社会的な層がきわめて薄い。アメリカの「ポリシーインテレクチュアルズ」は、あるときは大学で経済学や経済政策を教え、あるときはブルッキングス研究所*などで政策提言を行い、あるときは政権中枢のホワイ

ポリシー・インテレクチュアルズ
policy intellectuals. 高度に専門的な思考の枠組みに基づいて政策を議論・展開する専門人。

トハウスの中で働く。そういうことを繰り返しながら、どこにいても、政策や経済をクリティカルかつクリエイティブに考えている。そういう層が企業の中にもいる。ところが日本は終身雇用・年功序列で、役所にいる人は役所の中でずっと考えていて、大学人は大学の中でずっと考えている。それがいまだに続いていて、学界と政策現場と実務の間に大きな壁がある。

エビデンスベースで政策効果を測るときにはランダム化比較試験がベスト

竹中　経済学の観点からではなく、霞が関の観点から見ると面白いことがあります。霞が関の官庁は、情報を持っているし、世界中に人を派遣している。だから、学者を集めようとすればすぐにできるし、国際比較をしようと思えばすぐできる。

なかでも日銀と大蔵省（現・財務省）は別格です。例えば、財政と金融に関して日本の学者がかなりいい研究をしてきたのは、大蔵省と日銀が積極的

ブルッキングス研究所
The Brookings Institution.
アメリカの中道・リベラル系シンクタンク。1916年創立。

にそういう人を取り込んできたからです。大蔵省は、自分たちが抱えている問題をいっしょに考えてくださいという形でいろいろな学者を取り込んできた。さまざまなデータにアクセスさせ、情報を開示する。財政の制度は極めて複雑なので、実際に制度を所管している役所の人の説明を1回でも聞くことができるかどうかで大きな違いがあります。

しかし、そういうことをやってこなかった役所がいくつかある。その一つが文科省（文部科学省）でしたが、最近は中室牧子さんが頑張っているようです。また、農水省（農林水産省）も同じで、かつて農水省の統計書には国際比較がまったく載っていない時期もありました。

一方、学者にとっては、霞が関に出入りする審議会要員みたいな人たちができてしまっているという弊害が出ています。

大竹　そうですね。確かに、文科省は今まで経済学のアプローチを行ってきませんでした。おそらくそれでも予算が取れたという事情はあったと思いますが、最近の文科省は中室さんの影響だけではなく、財政的な圧力もかなり強いので、ずいぶんと変わってきている。

竹中　具体的には？

大竹　政策の効果が本当にあるのかどうか、エビデンスはあるのかなど、財務省から圧力をかけられています。例えば、少人数学級の効果はあるのかと圧力をかけられ、あまりないという結果が出てしまっている。そういうことがあって、文科省もエビデンスベースにならなければいけないと変わってきてはいると思います。

竹中　そうですね。

大竹　ただ、エビデンスベースといっても、全部ができるわけではないというのは先ほど竹中さんがおっしゃったとおりで、エビデンスベースで政策効果を測るときにはランダム化比較試験*がベストだと思います、教育であれば、一方のグループには新しい手法で教育を行い、他方のグループでは今までどおりで行い、成績にどのくらいの違いが出るのかを調べるわけです。ただ、それができる分野とできない分野があります。当然、金融政策は一つの国では一つしかできないので、日銀の金融政策についてランダム化比較試験で有効性を確認するということはできないわけです。

ランダム化比較試験
Randomized Controlled Trial：RCT．治療などの効果を客観的に評価することを目的とした研究試験の方法。

実証研究でよく使われているもう一つは、自然実験*です。例えば、偶然にあるグループだけに新しい制度が適用されたとか、変わった政策を掲げる知事や市長が誕生して、その地域だけ次の年から新しい政策が始まった場合、そうでない地域との差を見るというのが、因果関係を特定するうえでは重要で有効な手法だとされています。

ただ、そういうことがデータとしてある世界は限られているし、厳密なデータがないと経済学では評価されない時代になっている。だから、政策で必要なときに情報がすべてそろっていない場合にどうするのかは結構大きな問題になっていると思います。エビデンスベースも大事ですが、研究者や実務家もできるだけたくさんの知見を集めるべきとはいえ、なかなか難しいのが現実です。

自然実験
natural experiment。研究者の意図とかかわりなく生起した社会的出来事（地震による災害発生や教育制度の変革など）が、人々の行動にいかなる影響を及ぼしたかを調べる実験。

アメリカの大学では財務担当のバイスプレジデントが資産運用をしている

竹中　教育効果を客観的に比べるためには、例えば一卵性双生児だけを集めて長期間にわたって観察するということも必要だと思いますが、それには莫大なおカネがかかる。しかし、日本ではそういう研究に対する資金はきわめて乏しい。日本はもっと謙虚にエビデンスを集める努力をしなくてはいけないと思うのですが、現実にはなかなか難しい。「政治家は知識人を軽蔑し、知識人は政治家を軽蔑する」というメンタルの問題が存在していて、そういうおカネが今どんどん減らされていっている。

大竹　そうですね。

竹中　研究費はもう増えないと思ったほうがいい。だから、政策論ですが、今、私が成長戦略の中で提唱しようと思っているのは、大学が自力で資金調達できるようにすることです。研究費を寄付で賄うだけではなく、大学の資産をコンセッション方式で活用できるようにすることです。例えば、東大や京大は不動産を含めて莫大な資産を持っていますが、従来の規定では、資産は教育と研究以外の目的に使ってはいけないことになっていました。それを、別の目的に使ってもいいようにする。極端な話、貸しビル業をしてもいいかもしれない。

例えば、アメリカにはキャンパスの有効利用を兼ねて民間企業に土地を貸し、キャンパス内に老人ホームを設立した大学もあります。それであげた収益を研究費に充てる。そういうことも含めて、研究の体制そのものを見直していくことが重要な政策課題だと思います。

大竹　タイのチュラーロンコーン大学は国王からもらった繁華街の土地を、ショッピングモールとホテルに貸し出して収益をあげています。それが大学の収入の約3分の1になっているとのことです。

竹中　チュラーロンコーン大学は国立で、タマサート大学と並ぶ有名大学ですね。

大竹　そうです。

竹中　アメリカのコロンビア大学はマンハッタンで2番目の地主（1番が教

会）で、それをさまざまな目的で資産活用しています。

日本でそれができないのは、大学改革論になってしまいますが、日本の大学の運営の中にマネジメントという概念がないからです。そもそも日本の大学は基本的には自治（オートノミー）で、これは第2次世界大戦のとき軍の圧力で学問の自由が侵されたことの反映です。が、その結果として、目的を明確にして、それに向けて資源を投入し、リソースを最大限活用していくというメカニズムがそもそも働かないし、そこにいる人たちにとって居心地の良いシステムになってしまっている。

日本の大学にいるのは教員と職員だけで、マネジメントする人がいない。しかし、大学の先生にマネジメントができる保証は何もない。アメリカの大学では財務担当のバイスプレジデント（副学長）が必ずいて、彼らが外のリソースも活用しながら資産運用をしています。

大竹　おっしゃるとおりで、日本の国立大学の資産は、金融資産であれば基本的には国債とそれに準ずるものしか運用できませんし、土地を貸し出して収益を上げるということも難しいです。

竹中　今のような低金利の時代では、それは運用していないのと同じ。

大竹　そうです。

竹中　エンダウメント（寄付）を増やすための活動も国立大学ではある程度広いけれども、私立大学ではきわめて限られています。

大竹　リーマン・ショック*の時に、いくつかの私立大学が何億円損したとか騒がれました。そもそも株価は変動するものですから、下がるときもあるけれども、長期的には上がっています。それに、日本の私立大学は株を持つことができますが、国立大学はできません。

経済学は進化する……所得格差論争

竹中　話は変わりますが、いい機会なので教えていただきたいことがあります。それは、２０００年ころにあった京都大学の橘木俊詔*さんと大竹さんとの間での「論争」のことで、大竹さんご自身はどんなふうに見ておられたのかということです。

リーマン・ショック
the financial crisis of 2007–2008. ２００８年９月15日に起きたアメリカの投資銀行リーマン・ブラザーズ・ホールディングス破綻に端を発した世界的金融危機のこと。

橘木俊詔
１９４３年兵庫県生まれ。小樽商科大学商学部卒。米ジョンズ・ホプキンス大学Ph.D.。大阪大学助教授、京都大学経済研究所教授などを歴任。専門は労働経済学。

大竹　橘木先生は格差が拡大しているとおっしゃっていた。私は、二つの指摘をしました。一つは、橘木先生が使われた所得格差の指標の定義に少し問題があること、もう一つは、所得格差拡大の多くは高齢化で説明できて、実質的な所得格差の拡大はあまりないという議論をしました。つまり、統計的にきちんと調べれば、議論の余地はあまりない話で、「論争」というのは言い過ぎだと思っています。まず、橘木先生が日本の所得格差はアメリカより大きいと指摘された時に使われていた統計は『所得再分配調査』*で、そこでの所得の定義では、年金の受け取り額は所得に入っていないものだったのです。引退した高齢者の所得に占める年金給付額の割合は大きいので、高齢化で年金受取者が増えてくると所得が低い人が増えているように見えるのです。『所得再分配調査』は、公的年金、生活保護、公的医療給付などの再分配政策の効果を測ることを一つの目的とした統計なので、再分配前の所得には、公的年金の給付額を含まないのです。しかし、所得格差を測るのは、生活水準の格差を測るためですから、再分配後の所得格差で測ったほうが正確です。再分配前の所得格差が拡大したから格差社会になったというのは、違うので

所得再分配調査
社会保障制度の給付と負担などについて所得階層別、世帯および世帯員の属性別に行う調査。第1回1962年「社会保障水準基礎調査」、第2回（1967年）以降「所得再分配調査」。

はないか、という指摘をしたのです。格差社会になったかどうかを議論する際に、『所得再分配調査』の再分配前の所得をもとにした指標を使うのはおかしいという話をしただけで、私は論争しているつもりはありませんでした。

竹中　当時私は小泉内閣にいて、内閣府が大竹さんの話を引用して、実は格差の問題は高齢化によって説明されるのであって、実質的な格差はないといって、政治的に大きな衝撃を与えました。格差を生み出す小泉内閣の規制改革をやめさせたいというのが、当時の政治的なストーリーだったわけですから、政治家から見ると大竹さんの議論は気に入らないというだけの話ですが、私はよく覚えています。

大竹　そうですね。政治的な問題になるとは思いもよりませんでした。『日本経済新聞』の「やさしい経済学」のコーナーだったと思いますが、私ははっきりとアメリカより不平等になったという指摘は間違っていると書きました。でも、論争しているというつもりではなく、一般に言われていることの誤解を解きたいということだったと記憶しています。

竹中　それで『日本の不平等』*をまとめられたわけですね。

『日本の不平等』
日本経済新聞社、2005年。第27回（2005年）サントリー学芸賞・政治・経済部門受賞。

大竹　そうですね。１９８０年代から90年代にかけて、日本の格差が拡大してきた理由について、当時の労働経済学では、技術革新が第一にあげられていました。コンピュータの発達で、人間の能力のうちコンピュータが得意な部分がコンピュータに代替されるようになり、代替されない能力を持っている人、つまり補完的な能力を持った人や高学歴者の所得は上がったけれど、代替される人の所得は下がったというものでした。もう一つは、グローバル化の進展で、先進国から途上国に製造業が移転したため、先進国の中間層の所得が下がったという議論です。

　この二つが所得格差に関する経済学者の主な説明だったので、一所懸命いろいろ調べてみたのですが、日本では学歴間格差はまったく拡大していなかったので、そもそも英米の賃金格差拡大の大前提である学歴間賃金格差の状況が違うことがわかりました。また、グローバル化の進展説についてもいろいろ調べましたが、それでもうまく説明できなかったので、本当に困りました。そこで、ああでもない、こうでもないと、いろいろ調べを進めて、人口構成でシミュレーションしてみたところほとんどそれで説明できることがわかったのです。わかってしまうと「なぁーんだ」という感じでしたが、それをきちっとまとめたのが『日本の不平等』で、比較的高価な本なのに１万部を超える売れ行きでした。

竹中　難しい経済の本が１万部を超えるというのはすごいですね。経済学の本は総じて売れないですから。私の場合、佐藤雅彦*さんとの共著『経済ってそういうことだったのか会議*』は30万部以上売れる大ヒットになりました。私の『竹中式マトリクス勉強法*』とか、野口悠紀雄*さんの『「超」整理法*』のように、経済学者が書いても経済じゃない本のほうが売れるようです。でも、経済のことをきちんと語りたいという思いはすごくあります。

大竹　確かに、「経済」という文字が入ると売れないと言われて、『日本の不平等』にも経済学という文字は入れませんでした。実は、『日本の不平等』を出版した２００５年に『経済学的思考のセンス』という新書を初めて書いたのですが、７万部強売れました。その後、２０１０年に『競争と公平感』という新書を出して10万部も売れました。幸いなことに、私が書いた新書は二つとも、慶應義塾大学や早稲田大学などの入試問題にも数多く使っていた

佐藤雅彦
１９５４年静岡県生まれ。東京大学教育学部卒。電通入社。ＣＭプランナーとしてさまざまなヒットＣＭなどを手がける。電通退社後、企画会社「ＴＯＰＩＣＳ」を設立。

『経済ってそういうことだったのか会議』
日経ビジネス人文庫、２００２年。

『竹中式マトリクス勉強法』
幻冬舎、２００８年。

だいています。たぶん、一つ一つの話題が短いコラムになっているので、入試問題に使いやすいのではないかと思っています。

竹中　なるほど。

野口悠紀雄
1940年東京都生まれ。東京大学工学部卒。イェール大学Ph.D.。大蔵省（現財務省）入省後、一橋大学教授、東京大学教授、早稲田大学教授などを歴任。

『「超」整理法――情報検索と発想の新システム』
中公新書、1993年。

第3章

経済的センスで考える

1 日本はなぜデフレから抜け出せないのか？

デフレの時はおカネを借りている人が損をする

竹中　デフレについて議論したいのですが、かつて多くの国がインフレ*に悩まされて、日本も石油ショックのときには一部の物価が高騰したという経験があります。当時、本当にインフレだったかどうかはともかくとして、象徴的に見えるモノの価格が上がっていったときに国中が大騒ぎしたことは事実です。

インフレ
インフレーション(inflation)。モノやサービスの価格（物価）が、ある期間において持続的に上昇する経済現象。⇔デフレーション(deflation)

大竹　現在の日本は、インフレとは逆のデフレの状態が続き、その後も物価上昇率がゼロか1パーセント程度の低い状態が続いています。デフレが経済にある程度のマイナスの影響を与えるのは事実です。例えば、価格は下落して変わってもすぐには変わらないものがある。その一つが借金で、物価が下がっても借金の額が減ることはありません。金利が下落してもマイナスにはなりませんから。ということは、その借金の実質的な価値が上がっていくことを意味しますから、おカネを借りている人が損をしていて、おカネを貸している人が得をすることになります。

インフレの場合はその逆で、おカネを借りている人が得をしておカネを貸している人が損をするということが起こりますが、その時に投資意欲が高い人がおカネを借りていると、その結果として経済を成長させることになる。逆に、デフレの時には高い投資意欲があっておカネを借りている人は損をするわけですから、投資が減って経済成長が止まってしまうことになります。

一般的に、インフレとデフレについては賃金と物価を例にとるとわかりやすいと思います。例えば、物価が1パーセント上昇していて、賃金も1パーセント上がっている状態は、実質的にはそれ以前と変わらないのに、賃金が上がっていること自体をうれしいと感じます。しかし逆に、物価が1パーセント下がっていて、賃金も1パーセント下がっているという状態は、生活水準はまったく変わっていないけれども、賃金が下がることには抵抗があると思います。

竹中　デフレが始まったころのことですが、ある消費者団体の人と議論した時、その人は「いいじゃないですか、物の値段が下がるんだから」と言ったのです。私は、「そのうちあなたの給料も下がっていきますよ」と言ったところ、その人が「物価と給料の両方が1パーセント下がるのだったら、いいじゃないですか」と言ったのをよく覚えています。

大竹　たぶんその人は、こんなに長くデフレが続くとは思ってもみなかったのでしょうね。一般的には、賃金が額面で下がるよりも上がるほうがうれしいはずです。そう考えると、それほど強いインフレでなければ、デフレの時よりもインフレの時のほうが経済がうまくいくことは間違いない。ただ、デフレ状況のもとで、デフレでも経済がうまくいくようにするのはどうすればいいかといえば、借りている人が損をするのを防ぐために、例えば金利をマイナスにするということは、理屈の上では考えられます。

実際、日本ではマイナス金利*になりましたが、金利を大きくマイナスにすることはできません。なぜかといえば、「現金」という金利ゼロの資産があるからです。現金には利子が付きませんが、マイナス金利の銀行に預金するくらいなら、企業（あるいは個人）は現金を持っていようと考えるはずだからです。

政府の側に規制緩和等々の努力が足りず、日銀のインフレ目標政策は失敗した

大竹　以上のような理由から、マイナス金利にはなかなかできないので、デフレは大きな問題だというところまでは多くの経済学者が合意していますが、問題は、どのようなデフレ対策を、どこまで行うかです。日本もこれまで、「量的緩和でおカネの量を増やしていくと、いずれインフレになるだろうと

マイナス金利
預金の利子がマイナスになること。利子分を銀行へ支払うことになる。日本では預金金利はマイナスになっていないが、民間銀行の日銀当座預金の一部にマイナス0・1パーセントの金利が適用されている。

みんなが予想するのでインフレになり、デフレから脱却できる」と思っていたのですが、なかなかそうならなかった。

竹中　大竹さんがおっしゃるように、デフレでも下がらないものがある。ストックの価格、つまり過去の借金の価格は下がらない。経済学者はこれまで、経済の動き方とか相対価格の変化だと言ってきましたが、物価水準の全般の変化が経済にどのような影響を及ぼすかについては、それほど議論をしてこなかった。しかし、実はフローの価格とストックの価格の相対価格が変わるという意味では、デフレは大きな影響があると思います。

もう一つは、「期待は自己実現する」という考え方があります。例えば、高度成長期に下村治さんが言っていたことですが、経済が10パーセント成長するとみんなが思うと、それに合わせて消費を増やしたり投資計画を組んだりするので、本当に10パーセント成長が実現することになる。これを現在に当てはめると、デフレが続くとみんなが考えると、給料が下がっていくのであれば住宅ローンは借りないということになり、企業も設備投資はしない。経済には期待の自己実現というメカニズムがあり、また、さきほど大竹さんがおっしゃったとおり、人間は「実質」ではなく「名目」に反応するという一種のイリュージョンがあるので、デフレを正面から見据えて、これを克服しようとすることは重要です。

また、デフレの原因については、貨幣的な現象であるとか、もっと実物的な要因があるとか、いろいろ議論されてきましたが、現在では貨幣的な要因は重要だというコンセンサスが概ねできつつあり、それで黒田日銀総裁は量＊的緩和政策を行ってきたと思います。

さらに言えば、安倍＊内閣になってからまずはインフレ＊目標を作ったことが重要ですが、それが2パーセントであることがいいかどうかについていろいろな意見がありますが、私は2パーセントという数字には意味があると思っています。毎年2パーセントずつ増えると35年間で約2倍になる。いわば1世代（ワン・ジェネレーション）、つまり親の世代から子の世代に移る間に2倍になるということであり、アメリカンドリームは実質経済成長率2パーセントによって実現されたという人たちもいます。

ただ、クルーグマン教授も指摘していたように、2パーセントのインフレ

量的緩和政策
日本銀行（中央銀行）が金融市場に大量に資金供給を行う政策。具体的には、民間金融機関が日銀内に開設している預金口座の残高を増やすこと。

安倍内閣
安倍晋三を内閣総理大臣とする内閣。第1次安倍内閣：2006年9月26日-2007年9月26日。第2・3・4次安倍内閣：2012年12月26日-。

インフレ目標
インフレターゲット(inflation targeting)。政府・中央銀行が掲げる一定範囲の物価上昇率（インフレ率）の目標。

目標を作ったときに、政府と日銀がそれに強くコミットしていることを国民に表すことが重要です。それによって人々のエクスペクテーション（期待）が変わり、その結果としてインフレ目標を達成できる。

したがって、日銀のインフレ目標2パーセントという政策は、ある意味で短期決戦だったのです。ところが、残念ながら日本は、その短期決戦をうまく進めることができなかった。いろいろな条件が重なったこともありますが、最大の要因は、投資機会を増やすような規制緩和等々の努力が政府の側に足りなかったことだと思います。

経済は極端に行き過ぎると、元に戻すために大きな犠牲を払うことになる

大竹　そこで今注目されているのが「物価水準の財政理論」（ＦＴＰＬ）、いわゆる「シムズ理論」です。２０１１年にノーベル経済学賞を受賞したプリンストン大学のクリストファー・シムズ教授*によれば、財政赤字で国債がき

クリストファー・シムズ
Christopher Albert Sims（1942-）ハーバード大学Ph.D.。ハーバード大学准教授などを経て、プリンストン大学教授。２０１１年ノーベル経済学賞受賞。

ちんと償還されない状況になると、国債が償還されなくてもかまわないと思うくらいにその価値が低くなればいいと国民は考えるようになり、インフレが起こる。つまり、貨幣とか国債の信認を失わせることによってインフレになるという理屈です。

ただ、問題は、大事な貨幣や国債の信認を毀損してまでインフレにすべきかどうかという点で、経済学者の間でも大きな意見の対立があります。

竹中　実は私も当初、このシムズ理論には懐疑的だったのですが、その後少し見方を変えました。シムズ教授の論文は大変洗練されたもので、その理論全体を支持するかどうかについては意見が分かれますが、シムズ教授の具体的な提言はきわめて現実的でもっともな内容だからです。

幸運にも私は、ニューヨークのジャパン・ソサエティ*でシムズ教授と直接対談する機会がありました。そこでうかがったシムズ提案のポイントは次の二点です。第一は、デフレ克服まで消費税増税はしないということ。そして第二は、日本の財政赤字は、資産と負債（国債）をネットで見るとそれほど大きくない（財政再建は必要だが、それほど急ぐ必要はない）ということで

ジャパン・ソサエティ　Japan Society (JS)．日米の人々の相互理解と協力をもたらすことを目的とするアメリカの非営利組織。1907年設立。

す。いずれもまことにもっともな提案で、実は、同じノーベル経済学賞を受賞したスティグリッツ*教授も、日本の経済財政諮問会議に招かれてまったく同じことを述べています。

マッチング機能の向上によって完全雇用失業率が下がったかもしれない

竹中　２０１７年度の予算は97兆円という史上最大規模です。２０１８年度には１００兆円になろうとしています。リーマンショックの後に史上最大規模の予算が組まれるのはわかるけれども、なぜ完全雇用のときに史上最大規模の財政政策をとるのか。一つの解釈がありうるとすれば、これは前に議論したことですが、今の日本経済は完全雇用ではないというものです。

完全雇用失業率が何パーセントかについては専門家の間でも議論が分かれますが、３パーセント台半ばというのが大方の議論でしたが、本当はもっと低い、ということになれば、財政が出動する値打ちはあることになる。金融

*ジョセフ・スティグリッツ
Joseph E. Stiglitz（1943－）
アメリカの経済学者。MIT Ph.D. スタンフォード大学教授、大統領経済諮問委員会委員長などを歴任。2001年にノーベル経済学賞受賞。

緩和しているにもかかわらず、賃金や物価が上がらない理由もそれである程度説明がつく。

大竹　そうですね。確かに、97兆円の予算をつくる意味についてはほとんど議論されていないと思います。

日本の完全雇用失業率は3・5パーセント前後だといわれ、有効求人倍率でみても、今の状態は完全雇用のように見えます。しかし、賃金は少し上がっていますが、人手不足の割にはそれほど上がっていません。なぜ賃金があまり上昇しないのかを説明するのは難しい。フィリップス曲線*を前提にした議論では、賃金が上がりはじめる水準を完全雇用としていますが、その定義でいくと日本経済は完全雇用ではないかもしれないと考えることもできる。

一つ考えられるのは、以前よりマッチング機能が良くなったことです。情報通信技術の発達によって、例えばネットを通じての求人ができるようになり、派遣業界も含めて労働市場のマッチング機能が上がってきたため、賃金が上がりはじめる失業率の水準が下がったということです。また、デフレの時に賃金があまり下がらなかったので、デフレの頃に高めだった賃金で利潤

フィリップス曲線
賃金の下落（上昇）率と失業率の上昇（低下）の間にトレードオフ（逆相関）関係があることを示す曲線。1861年から1957年のイギリスの長期データを用いてニュージーランド生まれのイギリスの経済学者フィリップス（Alban William Housego Phillips, 1914－1975）が1958年に発見。

が減っていた分、企業は人手不足の時代になっても賃金を引き上げないという解釈もあります。さらに、人手不足になって働きだす人たちは、今まで仕事をしていなかった有配偶女性や高齢者であるので、今まで働いていた人に比べて生産性が低いため、平均賃金が上昇しないという可能性もあります。

ただ、仮に労働市場のマッチング機能の向上によって完全雇用失業率が下がったとすれば、財政拡大が必要だという理屈にはならない。そう考えると、史上最大の財政出動について議論になっていないのはいかにも不思議なことです。一方で財政赤字は深刻になっていくばかりですから。

人口減少によってデフレになるという議論はあまりにおかしい

竹中　少し前、藻谷浩介*さんが書いた『デフレの正体』*という本が話題になりましたが、デフレと人口減少の関係について、大竹さんはどう見ていますか。

藻谷浩介
1964年山口県生まれ。東京大学法学部卒。日本開発銀行（現・日本政策投資銀行）などを経て、日本総合研究所主席研究員。

『デフレの正体――経済は「人口の波」で動く』
角川書店、2010年。

大竹　私は、デフレと人口減少には直接の関係はないと思います。人口が減少すると総需要が減って需給ギャップが拡大するという議論だったように記憶していますが、人口減少によって総供給も減少するので、どちらが早く進むかだけだからです。

竹中　需要が減るから需給ギャップが拡大するという議論では、今の状況を説明できないけれども、なんとなくそう思っている人は世の中には多いですね。

大竹　そうですね。需要が減るところもある一方で、いま人手不足で供給が減るという深刻な問題も起きていますからね。

さきほどの議論に戻ると、供給が減って、失業率がこれだけ下がってきた背景には人口減少があるわけです。団塊の世代*が退職して、そして若い世代の人口が減っているため若者の人手不足が深刻になっている。いろいろな業界で人手が足りないから、外食産業やコンビニで営業時間を短くするとか、宅配便の値上げなどが起きている。

いま日本経済は、供給制約に直面する一方で、人口減少そのものはゆっくく

団塊の世代
1947年（昭和22年）〜1949年（昭和24年）生まれの、文化的な面や思想的な面で共通している戦後世代のこと。堺屋太一の同名の小説から広まった。

り進みつつある。おそらく若年世代の人口減少のほうが早く進みますから、まずは供給制約が起こることになり、そう考えると物価が上がってもおかしくはないとは思います。

竹中　そういう意味でいうと、いま必要なのは雇用確保のための政策ではなく、現実に難しくなってくる人手確保のための政策になる。また、数年前に調べたことですが、世界で人口が減っている地域は意外に多く、ロシアやウクライナなど二十数カ国で人口減少が起きています。そのなかで長年のデフレを続けているのは日本だけであり、どこまでエビデンス力があるかどうかはともかくとして、人口減少によってデフレになるという議論はあまりに単純でおかしい。

実験を繰り返して新しい制度設計をすることが必要な時代になっている

竹中　日本のデフレが今後どうなっていくかということですが、さきほど言ったように、日銀は今難しい状況に置かれている。そこで、政府がもう少しうまく規制緩和を進めていかないといけないと思います。
実は先日、シンガポールに行って「サンドボックス」*の話を聞いてきました。「サンドボックス」（「砂場」）というのは、規制緩和の実験場みたいなものです。これまで、さまざまな項目について規制緩和をする努力をしてきたわけですが、なかなか進まないのが現状です。その一つの理由は、どの分野の規制緩和が必要なのかわからなくなっていることにあるということで、イギリスの金融当局が主導して、例えばフィンテック*のようなまったく新しい実験を行う場（サンドボックス）をつくった。子どもが砂場で山をつくったり壊したりして遊ぶように、少々失敗してもいいからとにかく何でもつくってみようというわけです。

サンドボックス
レギュラトリー・サンドボックス(Regulatory Sandbox：RS)。「規制の砂場」。政府が革新的な新事業を育成する際に現行法の規制を一時的に停止する規制緩和策のこと。

フィンテック
Fintech.「ファイナンス(finance)」と「テクノロジー(technology)」を合わせた造語。ICTを駆使した革新的な金融商品・サービスの潮流などの意味で使われる。

イギリスの動きをすぐに取り入れてサンドボックスをつくったのがシンガポールで、金融当局（Monetary Authority of Singapore）のサンドボックス担当者に会って話を聞いたのですが、局長クラスと課長クラスの2人ともジーンズにTシャツ姿でした。

大竹　自由な発想は服装から。

竹中　そうかもしれません。要するに、とにかくゼロベースで規制緩和を行い、何が問題かを試してみる。そういうことをしないとたぶん投資機会は増えないと思うし、そういう規制緩和と金融緩和がマッチして初めてデフレの克服に向かって少しいい兆候が出てくるのであって、今のままでは日本のデフレの克服はなかなか難しいと思います。

大竹　そうですね。竹中さんがおっしゃるように、量的緩和だけでは無理で、いろいろな政策を同時に行っていく必要があり、フィンテックなどの新しい分野だけではなく、伝統的な分野でも「サンドボックス」は必要になっているると思います。

例えば、教育にしても介護にしても、中身がどんどん変わってきているので、どのような規制の仕方が効率的に最も高い効果を生み出すことができるのかわからないところがある。それは世界各国に共通することで、どのような制度設計をすればいいのか、小規模な実験を繰り返して探し出すということが、国レベルでも必要な時代になっていると思います。

露店でスマホ決済。インドではものすごいことが起きている

竹中　ところで先日、ある写真を見てちょっとショックを受けました。それはインドのデリーの露店の写真ですが、店の前に「支払いはスマホで」という紙が貼ってあるのです。

大竹　露店でキャッシュレスですか？

竹中　スマホ決済です。

大竹　それは驚きですね。

竹中　インドは昨年（２０１６年）11月に突然、高額紙幣*を廃止しました。

高額紙幣を廃止
２０１６年11月9日、インドのモディ首相がテレビ演説で午前零時から現行の５００ルピー紙幣（約８００円）と１０００ルピー紙幣が無効となる旨を発表。

偽造紙幣や汚職・犯罪等にからんだ不正資金の洗浄の根絶がその理由だといわれていますが、インドの代表的ＩＴ企業*インフォシスのＣＥＯだった*ナンダン・ニレカニさんがアドバイザーになって、前の*シン政権のときから、現金依存型経済からの早期脱却を図るためのシステムを作ったといわれています。

　固定電話システムが強かった日本では、携帯電話の普及がむしろ遅れ、固定電話の整備が遅れたインドや東南アジアで携帯電話が急激に普及したということです。まさにリープフロッグ（カエル跳び）です。

大竹　確かに、既存のインフラが充実していると新しいものに移れないということがあって、それは*スイッチング・コストがそれだけ高いからなんです。固定電話のシステムが整備されていないところに携帯電話が急激に普及して、キャッシュレス世界がすぐにできたというわけで、*後発のメリットですね。

竹中　インドのマイナンバーは顔画像と指紋と虹彩の三つが登録されているというインド特有の事情もありますが、そこに登録されているのは、インドの総人口12億人のうち11億人だといわれています。

インフォシス
インフォシス・リミテッド（Infosys Limited）。インドの代表的ＩＴ企業。本社はカルナータカ州バンガロール。

ナンダン・ニレカニ
Nandan M. Nilekani（1955－）インフォシス・テクノロジーズ共同創業者。2009～14年、インド固有識別番号庁（ＵＩＤＡＩ）総裁。

シン政権
インドの政治家マンモハン・シン(Manmohan Singh, 1932－)を首相（第17代）とする政権。２００４年～２０１４年。

スイッチング・コスト
switching cost. 切り替え費

大竹　あっという間に、それがないと生きていけない社会になったということですね。

竹中　おっしゃるとおりです。これはどちらかというと銀行口座を開けない人にとってメリットがある。

大竹　携帯での支払いのために、銀行に口座を持つわけですね。

竹中　銀行に口座を持つというシステムと、銀行に口座を持つというフィクションを作って通信会社が資産管理を行うというシステムがあります。

大竹　なるほど。確かに金融口座を持っていない人がたくさんいた世界ですからね。一気に変わったわけですね。

竹中　*ファイナンシャル・インクルージョン（金融包摂）の政策と、高額紙幣の廃止が重なった結果ですが、ものすごいことが起きている。

用。現在使っている製品やサービスから別の製品やサービスに切り替えることに伴って発生する総コストのこと。

後発のメリット
late comer advantage. 後発優位性。後発企業のほうが、より少ない投資でより大きな効果を生み出すことができるなど、当該市場で競争を有利に展開できる利点のこと。

ファイナンシャル・インクルージョン（金融包摂）
Financial Inclusion. 開発途上国など、通常の金融サービスを受けられない人々が融資などの金融サービスにアクセスできるようにすること。

海外の先進事例を学んで日本で実施するという手法はもはや使えない

竹中　日本に来た中国人が最近、「日本はキャッシュレス決済ができないので不便だ」と言っているという話をよく耳にします。多くの国では今、キャッシュ・ディスペンサー*を取り外しているのに、日本ではいまだにスーパーマーケットに付けてほしいという要望があるようです。また、前の日銀副総裁の岩田一政*さんがよく使う数字ですが、ＧＤＰに対するキャッシュ（現金）の比率を見ると、日本では20年前に8パーセントだったものが、現在は20パーセントに上がっているのです。

　もちろん、日本はデフレなので、キャッシュという資産を持ちたいということもあるのでしょうが、例えば同じようにほとんどゼロ定期金利の北欧の国では、むしろこの比率は下がっています。要するに、マネーに関して日本は、世界のトレンドとかなり違うことが起こっていて、世界から見るときわめて異常な状況になりつつあるように思います。

キャッシュ・ディスペンサー
Cash Dispenser（CD）. 現金自動支払い機。預貯金の引き出し、残高照会、クレジットカードのキャッシングなど現金支払い機能を持つ。

岩田一政
1946年東京都生まれ。東京大学教養学部卒。経済企画庁経済研究所主任研究官、東京大学教授、内閣府政策統括官、日本銀行副総裁、日本経済研究センター理事長などを歴任。

ブロックチェーン
blockchain. 分散型台帳。一定期間内の取引の塊（ブロック）を連結したデータベースのこと。ICTを駆使した革新的な金融商品・サービスなどへの応用研究が

大竹　インドのケースは国レベルの大きな実験ですね。ここまでやるのは難しいかもしれませんが、日本でもまずは何でもいろいろ試してみるということは必要な時代になったと思います。

竹中　先ほどのシンガポールのサンドボックスで、いま、三菱東京ＵＦＪと日立製作所*がブロックチェーンの実験をやっている。日本ではできないからです。なぜかといえば、ご指摘のように、何が起こるかわからないからで、それに参加する人に対しては、いろいろなことが生じるかもしれないけれど、そのリスクを負うというアグリーメント（同意）を最初に取る。いわゆるインフォームド・コンセントです。そういうことをきちんとして新しい実験を実施する。

大竹　社会実験的なことを行うためには、確かに倫理的な問題がいろいろあります。

竹中　日本でサンドボックスをつくることに関しては、実は安倍総理も一応合意をして、例えば自動運転についてサンドボックスをつくるとか、もちろんフィンテックもやると思います。ただ、その制度設計をどうするかはかな

進められている。

り難しいので、政策分析者がきちんとしたアイデアを出さなければいけないと思います。

大竹　かつては、どこかの先進国で事例があるので、官僚はそれを勉強して日本で実施するというのがスタンダードなやり方だったけれども、もうその手法が使えない。

竹中　おっしゃるとおりです。シンガポールのサンドボックスも、ロンドンのことを勉強しながら、ロンドンとはかなり違うものをつくっています。以前シティバンクで働いていた人をヘッドハンティングして制度設計したということですが、日本ではそういうことはまずないわけで、例えば金融庁の幹部で金融市場で取引経験がある人は一人もいません。

サンドボックスは、特区の中でもゼロベースの特区

大竹　新薬を開発するときの臨床試験では、ランダム化比較試験（ＲＣＴ）という方法で、薬が本当に効くのかどうか、いくつかの比較対象グループを

作って治験しています。

また、途上国の教育施策や貧困対策では、政府のいろいろな政策について、実際に実験をするということが行われています。援助をする段階で、その政策が本当に有効かどうかを、まずは小規模な実験を数多く行って、効果があると判定された段階で大規模に展開していくというスタイルが普通になってきています。

それと同じことが先進国でも言えるような状況になっている。小さな実験を行うということをうまく政策の中にいろいろなレベルで取り入れていくような仕組みを作らないといけないわけです。世界中が最先端の課題に直面しているのだから、他の国の事例を勉強すればすむという話ではないことを理解してほしいですね。

竹中　サンドボックスは、特区の中でもゼロベースの特区です。これまでは、例えばこれとこれを規制緩和しようということで特区を作ってきたわけですが、サンドボックスはそれをもっと強力にしたもので、フィンテックに関しては、例えば現行の金融商品取引法を適用しないというような、そういう意味でゼロベースの特区です。

大竹　これまでの特区はこういう規制緩和をするということを決めるだけだったけれど、どういう規制にすればいいかを自分で考えようという話ですね。

竹中　そういうことです。ネガティブリスクかポジティブリスクか、という話で考えてもいいと思います。

２　価格メカニズムは機能しているのか？

価格競争を良しとしない風潮が日本にはまだかなり残っている

竹中　次に、世間の常識と経済学の常識が違う顕著な例として、「価格」の話に移りたいと思います。

大竹　そうですね。一般的に言えば、経済学者は基本的には「価格」の観念でいろいろな財の配分を決めていくべきだと考えています。ある資源を誰が持つべきか、誰が利用すべきかということについては、価格メカニズムを使うのがいちばんいいというのが大方の経済学者の考え方です。

実際、世の中ではだいたいのモノが価格を介して取引が行われていますが、そうなってないものもいくつかあります。例えば、日本の携帯電話の周波数は価格を介しての取引ではなく、割り当てが行われている。海外では、周波数の利用権についていくらで買うかをオークションにかけ、最も高い金額を提示した企業が利用権を獲得し、政府はその利用権を売ることで莫大な収入を得ているけれども、日本ではそういう仕組みを使っていない。

また、電気料金については、つい最近まで規制があって、独占を許す代わりに電力料金を規定するという仕組みで、新規参入がなかなかできない状況だった。なぜ新規参入をさせないかといえば、発電所建設や電線網整備のための固定費が大きいので、自由競争に任せると赤字になるという理屈だった。けれども、発電と送電と配電を分ければできるという議論になり、電気料金の自由化が実現したわけです。

同じように、携帯電話についても、ASP.NET MVC 4*の周波数を利用するだけの会社が参入して、多少価格が下がっていますが、日本には価格競争

ASP.NET MVC 4
Microsoftが開発・提供するModel View Controller（MVC）パターンをベースとしたアプリケーションを開発するためのASP.NETのWebアプリケーションフレームワークVer．4。

を良しとしない風潮がまだかなり残っているような気がします。

価格競争をしたくないという運動法則がこの社会には強く働いている

竹中　こういう議論をするときには、必ず自然独占*の話が出てくる。要するに、ネットワーク外部性*があるような分野は、ある企業がどんどん大きくなって最終的には独占形態になる。結果的に独占形態になるのであれば、最初から独占運営の権利をある1社に与えて、その代わりに価格をコントロールできるというのが伝統的な経済学の考え方です。

しかし、現実に何が起こったかというと、少し前の話になりますが、国鉄*の分割民営化のときには、ほとんどすべての運輸経済専門家は反対した。自然独占が成り立つのだから国がやるのがいちばんいいというのがその理由ですが、国鉄の分割民営化賛成の論陣を張ったのが、社会主義計画経済の専門家だった加藤寛*さんでした。実は今の経済学と政策の関係を考えるとき、い

自然独占
natural monopoly. 初期投資などの固定費用が大きく、規模の経済が働くときに自然に発生する独占。長期平均費用曲線が右下がりになる。

ネットワーク外部性
network externality. 製品やサービスの利用者が、他の利用者の製品やサービスの価値に影響を与える効果のこと。多くの人が使えば使うほど価値が増す。

つもそこが興味深く思うところです。電力の話にしても、大竹さんが指摘されたように、ネットワークといっても配電と発電はずいぶん違うわけです。

実は、同じことはテレビにも言えるわけですが、この議論を出すとテレビは猛反対する。電波を流す会社とコンテンツを提供する会社は別でいいと言うと、それでは社会的使命は果たせないと反論するわけです。しかし、テレビの地上波は電波とコンテンツの両方を持っていますが、衛星放送*は違う。

新聞も同じで、読売新聞や朝日新聞などの新聞社が、コンテンツを作ることと新聞紙を配ることを行っている。ただ、時事通信や共同通信などの通信会社はコンテンツを作るだけで、そういう例があるにもかかわらず、全体で独占を守りたいがために、価格競争をしたくないという運動法則がこの社会には強く働いている

そこに、やはり市場のメカニズムを、どういうふうに入れていくかっていうことを、ずっと議論していきたいと思っています。その中で電波のオークションも出てくるし、空港のスロットの割り当ても議論として出てくるけれども、それを独占している一握りの人たちが強く反対しているというのが現

国鉄の分割民営化
中曽根内閣が実施した行政改革。日本国有鉄道（国鉄）をＪＲとして6つの地域別旅客鉄道会社と1つの貨物鉄道会社に分割し、民営化した。ＪＲ各社は1987年4月1日に発足。

加藤寛
1926-2013年。岩手県生まれ。慶應義塾大学教授、政府税制調査会会長、内閣府規制改革担当顧問、嘉悦大学学長などを歴任。

衛星放送
放送衛星（Broadcasting Satellite）や通信衛星（Communications Satellite）を使って視聴者が直接受信できる無線通信送信の総称。

状だと思います。

みんな同じでなければいけないという価値観が強く反映されている

竹中　価格の関連でもう一つ指摘したいことがあります。私はニューヨークに行くたびに、時間があればヤンキースタジアムに行きたいと思っているのですが、行けば必ず試合を見ることができる。それは、チケットのリセールが認められているからです。リセールは、日本では「ダフ屋行為」*と言われ、禁止されていますが、そもそもダフ屋行為は、経済学者がよく言うように、需給調整のメカニズムを働かせている。混む試合のチケット価格を上げることによって需要を制限していくからです。

例えば日本でも、インバウンド*対策として、「2日間しか東京にいることができないけれども、その間にどうしても演劇や野球を見たい」という外国人のためにも、リセールがあったほうがいいと思います。

ダフ屋
入場券や観覧券などのチケット類を転売目的で入手し、不正に売りさばく業者のこと。「ダフ」とはチケット類を意味する「ふだ（札）」の倒語。

インバウンド
Inbound. 訪日外国人観光客。

大竹　おっしゃるとおりですね。去年（２０１６年）のことですが、ミュージシャンや音楽関係の人たちが、コンサートチケットの転売はけしからんという趣旨の大々的な意見広告を打って大きな話題になりました。

コンサートチケットの転売が行われる理由は、特にポピュラーミュージックの場合、どうしても見たい人に対しても、それほど見たくないけども手に入ればいいという人に対しても、すべて同じ価格でチケットを販売しているからです。

例えば、主催者が最初から転売市場を整備するとか、クラシック音楽の場合には良い席の価格は高くしているわけですから、チケットの価格を席に応じて高くするとかすれば、どうしても見たい人とそれほど見たくない人をきちんと分けることはできるはずです。そうしないというのは、みんな同じでなければいけないという価値観、ポピュラーミュージックの流行を作った人たちの価値観が強く反映されているように思います。

効率的な人が活躍できて社会全体の利益が最大になるが、なんとなく不公平感が残る

大竹　ただ、価格メカニズムに対して反感を持つ気持ちもわからないわけではありません。

私たちは、オークションの実験（市場取引の実験）をよく行うのですが、その初めのところで、買い手には最大支払い可能な予算額をランダムに割り当て、売り手には仕入れ額をランダムに割り当てます。そして、コンピュータ上にマーケットを設置して、売り買いをしてもらうのですが、運悪く市場均衡価格よりも高い仕入れ額を割り当てられたり、低い予算額を割り当てられたりしてしまった人は、市場での取引のチャンスはまったくありません。市場で取引する権利はあるのですが、高い仕入れ額を割り当てられた人、つまり生産費用が高い人にとって、取引が成立する可能性はありません。

整備された市場であればあるほど、取引できるのは恵まれた人たちだけです。もともと安い値段で仕入れた人で、高い予算額を割り当てられた人たち

は、取引することでより良くなる。運が悪い人たちは、モニターの画面を見ているだけで、自分が売りたい価格を出しても誰も買ってくれないし、自分で買いたい価格を提示しても誰も売ってくれないという状況のまま取引が終わって、悲しい思いをする。

しかし、いちばん買いたい人が買えて、いちばん効率的な人が売るという意味では、価格メカニズムによって社会全体の利益は最大になる。これが経済学の教えるところですが、よく考えると、市場参加者全員を取引させるようなマッチングはできないことはありません。

竹中　そのとおりですね。

大竹　市場取引と異なって、できるだけ多くの人の間で取引を成立させる方法はあります。具体的に言えば、安い値段で仕入れた人と少ししか予算がない人を組み合わせることによって2人はより良くなるので取引は成立します。同じように、高い値段で仕入れた人と高い値段でも買っていいという人を組み合わせれば2人とも良くなる。そういう組み合わせを作ることができれば、取引は最大になるけれども、世の中全体の富はほとんど増えない。つまり、市場メカニズムは効率的な人が活躍できて社会全体の利益が最大になるのですが、なんとなく不公平感が残るというのは、市場実験に参加するとよくわかります。

市場メカニズムの裏面として再分配のシステムが必要

竹中　おっしゃるとおりですね。おそらく近い将来、テクノロジーを駆使することによって、どれだけの価格で買いたいか、どれだけで売りたいかっていうようなマッチングが、かなり簡単にできるようになると思います。

大竹　そうですが、情報が完備されればされるほど、いちばん欲しい人、つまり高い価格で買いたい人が買えるようになり、運が悪い人はやはり恵まれないというのは事実としてあると思います。つまり、市場メカニズムが最もいいと思いますが、そのときにはその裏面として再分配のシステムが必要になる。もちろん、みんなが取引に参加できることが最もいいというまったく別の価値観もあると思います。

竹中　おっしゃるとおりです。

大竹　豊かにはならないかもしれないけれど、みんな参加できてうれしい、という価値観です。

竹中　春の選抜高校野球でも、地域大会を勝ち抜いて選抜される学校と21世紀枠があるように、いろいろなマーケットが将来、出てくると思います。

タクシー運転手の過酷な労働とタクシーの規制緩和は別問題

竹中　ところで、ここ10年くらいで、「価格」に関して最も興味深い例がタクシーだと思います。タクシーの参入規制緩和*の結果、タクシーが急増して過当競争になったという議論がありますが、これには大きなバイアスがかかっていて、過当競争でタクシー会社が倒産したという話は聞いたことがありません。タクシー運転手が過酷な労働を強いられているといわれますが、それは労働基準監督署がちゃんと指導していないだけの話で、タクシーの規制

タクシーの参入規制緩和
2002年にタクシーの数量規制が廃止され、認可制から事前届出制へ、最低保持台数が60台から10台になるなど、参入条件が大幅に緩和された。

緩和と直接結び付けるのはおかしい。

そういういろいろな付帯条項がありますが、タクシー価格の緩和を十分に行わずに、タクシーの参入規制の緩和を行った。つまり、利益の余剰が生まれるぐらいの高い料金のもとで参入規制の緩和を行ったため、相当の余剰が生まれるということで多くの会社が参入したというのが現実です。そこで今度は、これまた価格の規制緩和を行わずに参入の規制を行った。つまり、タクシーの数量と料金（価格）について、適切なことが行われなかった事例としてタクシーがあるように私には見えるのですが、いかがですか。

大竹　そうですね。大阪ではワンコインタクシー*が出てきたりして、価格が下がったのですが、それに対する批判が、おっしゃるとおり違う方向からたくさんありました。例えば事故が多くなったとかですが、それは運転手の業務監督をもっと厳しくすればすむことです。

また、長距離バスの規制緩和によって事故が起きるようになったと言われていますが、それもきちんとした業務管理をしなかったことが最大の問題で、規制緩和によるものではありません。規制緩和によって東京・大阪間に片道

ワンコインタクシー
タクシーの規制緩和で料金設定がより自由になったため出現した初乗り料金500円のタクシー。大阪市内で多く見られたが、現在は再規制され、徐々に値上げをしている。

5000円のバスが走るようになれば、そしてそれがきちんとした安全管理のもとでなされるのであれば、それは消費者にとっても良いことであり、新しい産業が増えて雇用機会も増えることになるはずです。

価格競争で困る人が誰かを考えると、なぜ本当の理由とは異なることを基に規制緩和を批判して、規制強化に戻っていくかがわかると思います。

竹中　高速バスの事故以来、管轄の規制が強化されて、価格がかなり高くなって、場合によってはLCC*を使ったほうがはるかに安い場合があるようです。

「雨の日にはどうしてタクシーはつかまらないのか」という経済学の研究がある

竹中　さらに言えば、東京のタクシー業界はウーバー*の圧力に対抗するために、初乗り料金を下げて、中距離・長距離は高くするというような変なことを行っている。これは実質の価格の値上げだと思いますが、タクシーはこれ

LCC
Low Cost Carrier. 簡素化されたサービスと低価格の運賃で運航する航空会社。

ウーバー
Uber. アメリカ企業ウーバー・テクノロジーズが世界の各都市で運営する配車アプリサービス。

から大きな変化が起こる分野だと思います。

２０２０年の東京オリンピック・パラリンピックまでに、日本でウーバーないしはそれに相当するようなライドシェア*ができないと、世界的にも悪い意味で有名になると思います。今、インドでも中国でもライドシェアが急成長していますが、それはさきほど言ったようにタクシーの制度が十分整備されていなかったからです。すでに中国は世界最大のライドシェアの市場になっていて、「滴滴出行」*（ディディチューシン）がウーバー・テクノロジーズの中国事業を買収し、日本にも進出するという話になっている。

先日、アメリカに行ったときに、ホテルのカウンターで翌日の空港までのリムジンを予約していたら、隣にいた女性に、「なぜウーバーを使わないの？」ときかれたので、「アプリが入ってない」と答えたところ、呆れた顔をされてしまいました。とにかくタクシー業界は大きな変化が起こる分野だと思います。

大竹　ウーバーについてはアメリカでもいろいろな調査研究が行われていて、さまざまな分析結果が出ています。

ライドシェア
Ridesharing。乗用車の相乗り需要をマッチングさせるソーシャルサービス。

滴滴出行
ディディチューシン。中国の配車サービス最大手企業。本社：北京。

ウーバーではなくタクシーに関するものですが、「雨の日にはどうしてタクシーはつかまらないのか」という経済学の研究があります。それによると、タクシーの運転手は一日の売上目標額を決めている。特に新米の運転手はそうしている。雨の日はたくさんのお客さんが乗るので、早めに一日の目標額を達成する。そこでタクシーの運転手は仕事をやめて帰ってしまう。経済学的には、儲かるときにたくさん働いて、お客さんがいないときには休むというのが賢い働き方であって、多くのタクシー運転手が経済学的に言うときわめて非効率なことをしているから、雨の日にはタクシーがいなくなるという論文です。一日の売上高を目標として設定して、その目標達成まで働くという働き方だと、お客さんが多いときには早く切り上げて、少ないときに長く働くということになるのです。

ところがウーバーが出てきて、そういうことが起こらなくなる。なぜかと言えば、ウーバーは価格（運賃）が変動制で、需要が高いときには跳ね上がる形にしているので、雨が降ってお客さんが多くなると料金が上がり、運転手は競って出てくるようになる。ウーバーの出現でタクシーの問題はずいぶんと様変わりしました。時間帯に応じて価格がどんどん変わる。乗客は注文の段階で、行先を言って料金が確定するので安心して乗ることができるし、その値段だったら車を走らせようということで価格が高い時にはたくさんのタクシーが走るようになる。

竹中　これもテクノロジーが需給調整をうまくやるようになった典型的な例ですね。

大竹　おっしゃるとおりです。特にウーバーは副業でやってる人たちも多いから、料金が高い時に走ろうという強いインセンティブが働くはずです。

日本のタクシー制度は参入障壁を高くして、その分規制を厳しくする典型

大竹　タクシーの運転手の労働契約については、日本ではかなり細かく時間で制限していますが、アメリカの多くのタクシーはもう少し自由で、日本でいうと大阪で一時はやったワンコイン型のように、タクシーをリースするか

たちです。一日リースして、運転手はその間、自由に働き、タクシー会社に一日あたりの固定的リース料金と売り上げの一定率を支払うというリース型が多い。そうだとすれば、本来であればもっと自分が最も儲かる時間帯に働くはずなのに、そうなっていなかった。理由は、料金そのものが忙しい時も暇な時も変わらないので、運転手の実質的な時給が時間帯によってあまり変わらないからだったようです。

ウーバーはそこを解決した。先ほどの例で言えば、ニューヨーク・ヤンキースの試合が終わったときにタクシーが駆けつけてくれるのは、料金がそれなりに跳ね上がるからです。

竹中　そうですね。日本のタクシーの制度は参入障壁を高くして、その分規制を厳しくするという典型だと思います。ちょっと余談ですが、私が知っているある若いベンチャリストは、タクシー業界に参入するために自ら第2種運転免許を取ったとのことです。日本のタクシー業界は高い参入障壁という規制によって利益が守られる典型だと思います。

大竹　価格メカニズムがきちんと働いていれば、最も優秀で効率が良い人がサービスを提供し、一番高い金額でそのサービスを購入してもいいと思っている人がそのサービスを手に入れることができる。逆に、あまり恵まれていない人たちというか、それほど優秀でない人、あるいはその仕事に向いていない人たちは、その市場では仕事が得られないのではじき出されていく。仮に情報が不完全であれば、最も優秀な人が採用されるとは限らないので、あまり優秀でない人たちも仕事を得ることができたかもしれないけれども、情報が整備されて競争が厳しくなると、そういうわけにもいかなくなる。

効率性が高まることの裏ではそういうことが必ず起きますが、社会全体として、あるいは消費者のほうからすると、自由な市場取引のほうがいい。市場経済のメリットを享受できて、全体として良くなる人はいても悪くなる人はいないからです。そのため、市場取引の結果より豊かになった部分の一部を税金で回収して、市場取引の恩恵を受けなかった人たちに再分配するということが必要になってくると思います。

3 「働き方改革」の行方

「働き方改革」は伝統的な経済学ではなかなか説明できない問題

竹中　次に、「働き方改革」についてですが、これは労働経済学の中心的な話なので、ぜひ専門家の大竹さんからお話しいただきたい。

大竹　わかりました。実は、「働き方改革」の必要性については伝統的な経済学ではなかなか説明しにくい問題だということです。伝統的な経済学は、労働者は合理的であり、与えられた賃金の下で労働時間を最適に決めていると考えるからです。健康を害するほど働くということは、そういう賢い労働者を前提にすると説明できない。

「働き方改革」の必要性を伝統的経済学で説明するには、何らかの市場の不完全性が必要になります。労働移動、つまり転職がしにくいということです。今の日本では、特に大企業での雇用に当てはまるのですが、いったんある会社に勤めるとその会社を辞めるという選択肢がないように思い込まされていたりして、転職しないで勤め続けることが得になるシステムになっている。勤続年数が長くなるほど賃金や退職金が増えていくことが多いですし、退職金から支払う税金額が減っていくという退職金税制*もありますから、定年まで勤めたほうが得なシステムになっている。長時間労働が嫌なら他の会社に移ればいいのですが、そうするとかなり損をしてしまうので、労働者は嫌でも上司に言われたとおりに長時間働かなくてはならないというプレッシャーの下で働いているわけです。

そんなに長時間働くと過労死する、あるいは健康を害することはわかっているけれども、それ以外の選択肢がないというのが一つの解釈だと思います。

退職金税制
退職金にかかる税金は分離課税で、税負担の軽減が図られている。勤続30年の人の退職金については１５００万円までは所得税も住民税もかからない。

もう一つの解釈は、アルコール中毒のように働き中毒（ワーカホリック）にかかっているというものです。働くこと自体が楽しくなってしまい、健康を度外視してでも働き続ける。そうだとすれば、それは本人の自己責任だということになる。本人もワーカホリックになることがわかっていて働いているのだから、放っておけばいいというのが最も自由主義的な考え方だと思います。

いや、そうではなくて、ワーカホリックかどうかもわからなくなってしまった人たちもいるということであれば、それはある程度規制する必要があるというのが、行動経済学的な考え方です。ただ、ワーカホリックといっても、それがわかって働き続けている人と、それがわからなくて働き続けている人の両方がいるところが難しい。

また、働きすぎは本人の自由だといっても、家族はどうなのかということを考えると、それは一種の外部性の問題になる。一所懸命働いて過労死して本人は本望かもしれないけれども、周りの人は迷惑するし、会社も重要な人材を失って損するかもしれない。家族が困るというケースは難しいけれども、働き過ぎないほうが会社にとって得だから規制するというのは、ちょっとおかしな話になる。

長時間労働をする人には二つのタイプがある

大竹　そう考えていくと、働き過ぎを規制するために公的に何かをする理由を見つけるのはかなり難しい問題だということがわかりますが、一つは、「地位財」という考え方です。人間は他の人と比較してより水準の高い生活を送るとうれしいと考える人が多い。特に、家とか所得とか地位は人の目に見える財なので「地位財」と呼ばれています。そうした財を他人より持っているとうれしいと思いがちです。それに対して、休んでいる時間とか休暇は他の人にはなかなか見えない。つまり、非地位財です。そこで、より多くの地位財を獲得するために非地位財である休暇を犠牲にすると考えるのです。

それは、国の軍拡競争の影響と同じです。敵対国が軍拡をすれば、対抗するために自国も軍事費を拡大せざるを得ません。軍事力というのは、相手国との相対的な大きさで、その有効性が決まってくるからです。お互いの国が軍拡競争をすれば、軍事費を賄うために、軍事費以外の歳出額を減らすことになります。つまり、国内の他の投資や福祉費を少なくすることになるのです。所得や家が地位財であれば、比較対象の相手に勝つために、所得を増やしていく必要があります。その犠牲になるのが、非地位財である休暇時間であり、休暇や余暇を減らして労働時間を増やし、地位財である所得を増やすのです。相手も同じことをするわけですから、地位財の相対的な関係は変わりません。その結果、お互いの幸福度は高まるどころか、非地位財である余暇時間が減っただけになるので、お互い不幸になっています。もしそういうことが日本の職場で起きているのであれば、所得獲得競争を減らすために労働時間に規制を設けるというのは合理的な考えかもしれません。企業にとってはどうでしょうか。仮に、長時間労働によって短期的には企業の生産性が上がったとしても、長期的には従業員の健康が悪化して、生産性が低下してしまうかもしれません。

竹中　なるほど。

大竹　ちょっと長くなりましたが、もう一点だけ指摘したいのは、残業する人のタイプは二つあると私たちが最近行った研究でわかってきました。一つは、夏休みの宿題を夏休みの最後にやっていた人です。もう一つは、みんなと一緒が良いと考えている平等主義者で、みんなが長く働いているときに自分だけ帰ることができないということで長時間労働をする傾向があります。

その二つのタイプのなかで比較的簡単に是正できるのは、みんなと一緒が良いという人たちで、やり過ぎは駄目とか、みんなと一緒にいなくていいという規範を作ればうまくいくはずで、実際、いくつかの会社ではそういうことをして労働時間の縮減に成功しています。難しいのは仕事を先延ばしにする人たちです。彼らについては相当な歯止めをかけないと、だらだら長時間労働を続けることになる。

要するに、働き方改革という問題はなかなか難しく、一部の人たちのために厳しく規制すると、本当はきちんとできる人たちまで被害をこうむりかねませんから。

長期雇用をベースにした雇用システムは価値観の多様化に対応できない

竹中　政策の問題を考えていくときに常にバックトゥベーシックで考えなければいけないのは、「ワッツ・ザ・プロブレム」（問題は何か）ということです。長時間労働の何が問題なのかを考えるということです。そうすると長時間労働の問題と労働市場全体の問題が違うことが見えてくる。

長時間労働の問題は後で議論するとして、労働市場全体で何が問題かというと、日本の経済全体が豊かにならない一つの理由が労働市場にあると考えられることです。どういうことかというと、日本の場合、企業のスタートアップ（開業）がきわめて少ないと同時に、企業のクロージング（廃業）も少ない、つまり新陳代謝が低いことです。

経済では、ヒト・カネ・モノ・情報という資源が、生産性の低い所から高い所に移ってはじめて成長のメカニズムがダイナミックになっていくわけで、新陳代謝が低いということは日本経済にとっては大きな問題です。では、新陳代謝が低い理由は何かと考えると、硬直的な労働市場が邪魔をしているということになる。

実は、マクロで見ると、日本で終身雇用・年功序列的システムを採用している会社はせいぜい2割程度ですが、人々の頭の中に、同じ会社に長く勤めたほうが得だと思い込まされている部分があって、簡単に他社に移れないようになっています。また、ある会社を辞めて他社に移ると不利になると考えて、最初に入った会社にしがみつかなければいけないと思わされている。さらに言えば、株主のチェックやコーポレートガバナンスも弱く、競争に負けた会社をゾンビのように生きながらえさせているし、さらには弱い会社だから助けてあげようということで、補助金を出して政府が助けているという現状もあります。

そういう状況を変えて、新陳代謝を高めるような方向に日本を変えていかなければいけないというのが政策の大きな流れだと思います。そのためには、社会の価値観が変化している中で、「私はこういう働き方をしたい」とか「自分の会社はこういう雇い方をしたい」というニーズに応えるために、働き方も多様化しなければいけないのに、硬直的な長期雇用をベースにした今の雇用システムは対応できない。そこが大きな問題になっていると思います。

ベンチャー企業で終身雇用・年功序列を採用することはできない

竹中　実は、新陳代謝を高めるような方向に日本の雇用システムを変えていかなければいけないという話をすると、成功している製造業や大企業の経営者たちは必ずといっていいほど反対します。「うちの会社はうまくいっているから」というのが理由です。しかし、それは違うと私は反論することにしています。

「あなたの会社」は終身雇用・年功序列でうまくいっていて、会社に対する社員のロイヤルティーも高いし、技術の伝承もできているので、それでいいかもしれない。しかし、例えば日本マクドナルドで終身雇用・年功序列はできないように、新しい産業では無理がある。これから立ち上がるベンチャー企業で終身雇用・年功序列を採用することはできない。したがって、日本の雇用を多様化していろいろな働き方ができるような制度を作る必要がある。ある一つの働き方だけが正しいというのではなくて、いろいろな働き方を認めて、それぞれの働き方に制度的な不平等がないような仕組みを作るというのが、今の世の中での大きな議論なのです、と。

その流れから言うと、これからは柔軟な働き方を認めていくことになると思いますが、そういうなかで長時間労働の問題をどう考えるかというと、まさに大竹さんもおっしゃったように、他の会社に行ったら不利になるという現実があり、退職する選択肢がないと思い込んでいる人が多いということが一つの大きな理由で、そこは政府がなんらかの解決策を出していかなければならない問題だと思います。

ただ、これも大竹さんがおっしゃったように、みんなと一緒が良いと思って長時間働く人がいるという問題については、政府の出る幕はありません。会社はひょっとしたら、それによって残業代が増えて困っているかもしれない。だから、残業代を抑える努力を会社がすればいいだけです。

終身雇用・年功序列が日本の正社員のデフォルトになっていることが問題

竹中 要するに、どこのレベルで議論するかということになりますが、一部で大きな問題が生じていることを理由に、長時間労働を一律に抑えるとかなり大変なことになって、ベンチャー企業が生まれなくなる恐れがあります。先日、ある女性ベンチャリストが、「私は24時間、死にものぐるいで働いてここまできたのよ。なぜ、それを縛るの」と言っていましたが、ベンチャー企業で8時間労働なんてあり得ない話です。

ただ、一つ大きな傾向として言えるのは、政府としてはいろいろな働き方に対応できるものを用意しておく必要があるということに尽きると思います。例えば、オフィスの受付とか製造ラインの仕事は、ある種の時間制限を設けるとともに、超過時間に対しては残業代を払う必要がある。しかし、大竹さんにしても私にしても、残業規制なんかされたら困るわけです。

大竹 そうですね。

竹中　私たちは時間で労働しているわけではなく、成果を出すことが目的の労働をしているわけですから、もちろん残業代は必要ではありません。

対応の準備を一つ一つ丁寧にやっていく。どの働き方にも自由を認めて、それぞれの働き方の間に奇妙な制度的な不均衡がないようにしていく。そういうことが今、まさに、ようやく議論として始まったということです。

大竹　おっしゃるとおりで、やはり終身雇用・年功序列が日本の正社員のデフォルトになっていることが問題だと思います。日本でも基本的には労働契約書を交わして入社しているはずですが、契約書には正社員としてどのような働き方をしてどのような仕事をするのかとか細かいことは書いていないし、ほとんどの人は契約書を交わして入社するという意識が希薄です。

一人一人のライフスタイルに合った働き方ができるようにすることが大事

大竹　もちろん、正社員として年功序列・終身雇用、そして長時間労働という働き方をする人がいてもいいけれども、日本人全員にとってそういう働き方がふさわしいのかどうかというと問題で、この地域で働きたいとか、この仕事をしたいということでその会社に入ってくる人もいる。そうだとすると、この仕事をするという契約で、時間もきちんと管理するという雇用契約が普通にあってもかまわないわけです。

ところが現在は、すべての正社員の人が終身雇用を前提としたような労働契約がなされている。そして、例えば解雇規制*にしてもそういう人たちを前提にしている。しかし、そんなことはあまり気にしてない人たちもいるし、もっと違うことを大事にしている人たちもたくさんいる。それなのに、すべてが同じ法律というか判例で縛られている。そこを柔軟にする必要があるし、一人一人のライフスタイルに合った働き方ができるようにすることが大事だと思います。

ホワイトカラーの多くの人は、労働時間を自分で決められるほうが実態には合っています。しかし、自由にしておくと働き過ぎて健康を害する人たちもいるかもしれないけれども、先ほども言いましたが、それは会社がきちん

解雇規制
雇用主が労働者を自由に解雇することを制限する法的規則。

と管理するか、あるいは、そういう管理を促進するような手助けを社会全体でするということで対応できる。

つまり、いろいろな働き方ができるように、切り分けていく必要があるのであって、ホワイトカラーエグゼンプション*を完全に導入しないまま労働時間の上限を一律に決めると大変なことになってしまう。労働基準監督署*が企業を立ち入り調査したとかいうニュースがよく流れますが、そういう矛盾が表面化している一つの表れです。大学でも、労働基準監督署から若手研究者の労働時間管理をと言われていますが、実験がまだ続いているのに契約労働時間を過ぎたので帰ると言われても困ってしまうわけです。もちろん、あまりにひどい研究室も存在するとは思います。若手研究者の大学間移動が高い分野ならブラック研究室は存続しにくいと思いますが、流動性が低い分野では問題があるのは事実かもしれません。そのあたりの線引きは難しい。

ホワイトカラーエグゼンプション
white collar exemption. 管理職以外のホワイトカラーの一部に対して労働法上の規制を緩和・適用免除する制度。

労働基準監督署
労働基準法やその他の法律に基づき、労働条件確保・改善の指導、安全衛生の指導、労災保険の給付などの業務を行う厚生労働省の出先機関。

世界の常識と日本の常識が非常に違っている
もう一つの例：金銭解雇

竹中　実は、私は、２０１８年は労働市場で大きなエポックの年になると思っています。どういうことかというと、２００９年に誕生した民主党連立政権*に社民党が入った段階で、終身雇用・年功序列こそが正しい働き方であるということを前提に作られた制度による雇用期限が、２０１８年までにすべて完了するからです。契約社員*や派遣社員*はよくないと決めつけて、契約社員（派遣社員）として同じ会社に3年間あるいは5年間勤めたら正社員、つまり無期雇用にしなければいけないというようなルールができたのですが、その期限が２０１８年なのです。企業としては簡単に無期雇用にするわけにいきませんから、どうするかといえば、雇用期限が来る前に、いわゆる雇い止め*をする。5年で無期雇用転換しなければいけないのであれば4年で雇い止めするのです。

終身雇用・年功序列こそが正しい働き方であるという歪んだ発想のもとに

民主党連立政権
民主党を中心とした非自民・非共産連立政権。２００９年9月～２０１０年5月：民主党・社会民主党・国民新党の連立政権。２０１０年5月～２０１２年12月：民主党と国民新党の連立政権。

契約社員
期間の定めのある労働契約（有期労働契約）を企業などと結んで職務に従事する常勤労働者のこと。非正規雇用のひとつで、期間契約社員、期間従業員、臨時間違った規制を行ったために、例えば契約社員のままでずっと働きたいとか派遣社員のままで働きたいという人が辞めさせられてしまうということが起こりうる。無理な規制の矛盾は、これからたくさん出てくると思います。

大竹　そうですね。

竹中　働き方についての世界の常識と日本の常識が非常に違っているもう一つの例をあげるとすれば、それは「金銭解雇*」だと思います。実は、金銭解雇のルールがない国は、ＯＥＣＤ*では日本と韓国だけだと言われています。その結果何が起こっているかというと、日本では大手の製造業のように労働組合が強い会社で解雇されるときには、金銭で解決するときに何千万円かもらって辞めますが、中小企業では「ないカネは払えない」ということで、わずかばかりのお金で解雇されて泣き寝入りせざるを得ない状況に置かれている。そんな不平等な話はないわけで、それは制度が不備なために現実に起きていることです。だから、基準が必要なのです。

ところが、金銭解雇というと、一部のメディアが「カネで首を切る」というレッテルを貼って、カネで首を切るのはけしからん、問答無用だ、という

社員などともいう。

派遣社員
人材派遣会社に登録して仕事の紹介を受け、企業に派遣され就業する労働者。就業先企業ではなく登録した人材派遣会社と雇用契約を結び、給与は人材派遣会社から支払われる。

雇い止め
期間の定めのある雇用契約で、雇用期間が満了したときに使用者が契約を更新せずに労働者を辞めさせること。

金銭解雇
使用者（会社）が労働者にお金を払って退職させることができる制度。

ような感情的な議論になり、建設的な議論が進んでいないのが現状です。雇用の契約でもめたら、最後はおカネで片を付けるしかないのです。不謹慎な話ですが、離婚でもめたら最後はおカネで片を付けるしかないのと同じことです。

ヨーロッパの国にはきちんとした金銭解雇のルールがある

大竹　そうですね。実は、私は、「透明かつ公正な労働紛争解決システム等の在り方に関する検討会」*のメンバーでしたが、竹中さんがおっしゃったとおり、国際的には解雇の金銭的解決はほとんどの国で認められています。それは不当解雇*のときであっても同じことで、ドイツやイギリスなどヨーロッパの国ではきちんとしたルールがあり、「勤続年数×給与何カ月分」というようになっています。ところが、それが日本にはなくて、不当解雇かどうかで争われる。しかし、不当であれば解雇無効になって元の職に戻すしかない

OECD
Organisation for Economic Co-operation and Development（経済協力開発機構）OEEC（欧州経済協力機構）にアメリカとカナダが加わり1961年発足。本部はフランス・パリ。

透明かつ公正な労働紛争解決システム等の在り方に関する検討会
厚生労働省労働基準局が実施する検討会の一つ。

不当解雇
法律上の規定や就業規則・労働協約上の解雇の取り決めを守らずに行われる労働契約の解除行為。

わけですが、実際には、復職した後に、もし解雇されずに働いていたとしたら賃金はいくらだったのかを逆算し、それに上乗せして金銭解決している。つまり、そのまま元の職に戻る人はいませんから、ほとんどのケースが金銭解決しているわけです。

竹中　そうですね。

大竹　にもかかわらずはっきりしたルールがないので、労働審判でどのくらいの金額になっているかを調査したところ、かなり大きなばらつきがあることがわかりました。

竹中　２桁以上違うでしょう。

大竹　そうですね。ただ、ルールはないといっても、イギリスやドイツの仕組みとおおよそ似ていて、勤続年数でだいたい決まっているようですが、ばらつきはきわめて大きいのが現実です。なぜそんなことが起きるかといえば、明確なルールがないからです。さらに言えば、金銭をもらわずに解雇された人たちもたくさんいますし、その人たちは泣き寝入りしていることが多いでしょう。そういう人たちを救済するためにも、金銭解決のルール化は必要だと思います。
また、ルール化するときには、無期雇用になったら解雇しにくいという形ではなく、勤続年数に応じた解雇手当を決めたほうが労働者もずっとハッピーになるはずです。そうすれば、企業にしてもさほど心配なく労働者を無期雇用にできる。

竹中 そういうことです。

大竹 日本には退職金制度があるという人もいますが、それすら完備していない企業もたくさんある。また、退職金は実は非常に不透明な部分もあります。勤続期間中に額が決まっていきますが、勤続中には支給は確定しません。懲戒解雇になれば、退職金が減額されたり、支給されないこともあります。そういう意味では、いつでも剥奪される可能性がある権利であり、労働者からみれば曖昧なものです。したがって、最低限の手当は法的に作り、それ以上に払うかどうかは企業の自由だとすればいいと思います。

「同一労働同一賃金」は簡単な話ではない

大竹　ところで、先ほど竹中さんがおっしゃったとおり、まずは労働市場全体の改革をしたうえで労働時間の規制を考えるべきですが、そのなかで政府がすべきことは何なのかを決めるのは、それほど簡単ではないという気はします。

竹中　そうですね。これまでの議論にはでてきませんでしたが、ある種のアファーマティブアクション*のようなものも必要になってくるかもしれません。例えば、ダイバーシティ（多様性）の促進ということで、女性の雇用比率の基準を決めるとか管理職の女性比率を決めるというのは、アメリカで行われている弱者・マイノリティ政策と同じようなものだと考えられるからです。

ただ、それを認めるかどうかはこれから議論になるかもしれませんが、そのベースとしては、労働者は自由に働くことができ、企業は自由に雇えるという多様な選択ができる社会を作ることだと思います。金銭解雇のような最低限のルールは作っておく。そうすれば、労働者としては働きやすくなって

アファーマティブアクション　affirmative action. 積極的差別解消政策。不公平な待遇を受けてきた少数派の人々の社会的地位の向上を図るために、入学基準や雇用の採用基準で積極的な優遇措置をとること。

辞めやすくなる。企業は、雇いやすくなり、いざというときには解雇もできるようになる。そうすることによって、全体的に見ると日本の雇用を高める効果が出てくると思います。

大竹　「同一労働同一賃金」*という話もこれまでの議論では出てきませんでしたが、これは簡単な話ではありません。同じ仕事に対しては同額の賃金が支払われるべきだということですが、ヒトの能力はそれぞれ違うし、たとえ同じ仕事であっても「質」の差があるからです。例えば、新人プログラマーでも書けるようなプログラムを優秀なプログラマーが書いたとして、その時間分だけ時給を新人並みに減らすというのは、現実的ではありません。

人がする仕事は複雑で、A・B・C・Dという仕事を同時にしている人と、Aだけをしている人がいたとして、Aの部分だけを取り出して比較するのは無理があります。ただ、どう見てもまったく同じ仕事をしている人たちのグループがあって、その人たちの間で賃金の差をつけてはいけないというのは、そのとおりですが、それでも「質」の部分をどう評価するかというのはかなり難しい問題だと思います。

同一労働同一賃金
equal pay for equal work。同一の仕事に従事する労働者は、性別、雇用形態、人種、宗教、国籍などに関係なく、同一水準の賃金が支払われるべきであるという概念。

例えば、名医と普通の医者の報酬は違って当たり前だと思いますが、現実には同じです。また、大学の教員にしても、本来であれば、賃金に違いがあって当然ですが、現実にはみな同じ、ということになっている。教える時間は同じ1時間なのだから賃金も同じ、ということかもしれないし、実際、非常勤講師は多くの場合一律の給料です。つまり、「同一」をどう考えるかということであり、ある程度客観的に判断ができる労働については、不当な差別があってはいけないと思います。

霞が関を「同一労働同一賃金特区」にして、具体的な事例を示すべきだ

竹中　基礎的な経済学の理論では、賃金は労働の限界生産力[*]によって決まるとされます。その意味でいうと、明らかに「同一労働同一賃金」になっていないのは、同じ仕事を同じ場で、正社員が行った場合とパートの人が行った場合に賃金が違うことです。パートどうしでは同一労働同一賃金であり、派

労働の限界生産力
企業が労働の投入を１単位追加したときの生産の増加分のこと。労働の限界生産力が労働１単位に支払う賃金水準より大きいかぎり、企業は労働者を雇い生産を増加させる。

遣社員どうしでは同一労働同一賃金です。正社員と派遣（あるいはパート）の賃金がこんなに違うのはおかしい。

もちろん、正社員とそうでない人とは、「ここに出張に行ってくれ、転勤してくれ」と言われたときのオブリゲーション（責務）も違うわけですから、一概に同じというわけにはいかないけれども、かといってそこにどれぐらいの差をつけるかを一様に決めることはできないので、個別でやっていくしかない。

私は、この問題についてはきちんとした議論が必要だとは思いますが、何が同一労働同一賃金なのかというような神学論争ではなく、まず霞が関を「同一労働同一賃金特区」にして、具体的な事例を示すべきだと思っています。政府や総理が「同一労働同一賃金」と言っているのだから、できるはずです。東京都は東京都で同一労働同一賃金を実施すればいい。実はそういうモデルを示すことによって、転勤する人と転勤しない人でどのくらいの賃金の差をつけるのがリーズナブルかが証明されていく。そういう個別の答えを出すしかないと思います。

大竹　神学論争と言われると困ってしまうのですが、現在は無限定で終身雇用の人たちが前提で雇用システムが出来上がっているのが大きな問題なので、正社員を「無限定正社員」と「限定正社員」という二つのタイプに分ける正社員改革をするのがいいように思います。「無限定正社員」は転勤あり、配置転換あり、残業ありという無限定の働き方をする。一方、「限定正社員」は転勤と配置転換はなしで長時間労働もしない。そうすれば、「限定正社員」と派遣の人たちや契約社員はすべて同じ待遇にすることができる。

労働政策審議会と「フィラデルフィア宣言」の原則

竹中　労働の問題で難しいのは、労働政策審議会（労政審）という仕組みがあって、それがネックになっているからです。労政審の基礎には「フィラデルフィア宣言」*の原則があって、そこでは「労働者および使用者の代表者が、政府の代表者と同等の地位において」決めなければならないとされています。労働側が参加しなければいけないということが国際的な条約として決められ

フィラデルフィア宣言
1944年にフィラデルフィアで開かれたILO第26回総会で採択された国際労働機関（ILO）の目的に関する宣言で、労働者・使用者・政府各代表の継続的・協調的な努力が不可欠としている。

ているわけで、それを盾にとって労政審では労働者の代表として連合の幹部が出席する。果たして、連合を労働者の代表とすることが妥当なのかどうか疑問ですが、だから何も決まらないわけです。

フィラデルフィア宣言は解釈の問題で、労働者の代表に決定権があるという意味ではなく、政策論議に参加してもらえばいいことだと私は思っています。しかし、厚生労働省は「労政審で決める」と言って一種の責任放棄をしている。政策のプロセスの問題は重要であり、今の仕組みを変えないかぎり、いくら経済学者が議論しても前には進まないと思います。

大竹　それは実感しています。

竹中　そうですよね。株式会社では利益相反*という言葉が使われます。例えば、私が取締役会のメンバーで同時に子会社の社長も兼務していたとすると、親会社でこの子会社に対する増資を決めるかどうかの会議には私は参加できないのです。利益相反になるからです。

ところが、霞が関は利益相反ＯＫです。政策決定の場に、「うちの会社に不利なものはなくせ」と平然と言う。言うなれば裁判で被告が陪審員に入っ

利益相反
conflict of interest：COI. 企業経営者などが立場上追求すべき利益・目的（利害関心）と、他に有している立場上の利益（利害関心）とが競合・相反している状態のこと。

ているという世界です。

大竹　それは感じています。「労働紛争解決システム検討会」の委員にも労働側の人たちがいて、委員会の直前に厚生労働省の前でアジ演説されていました。

竹中　本当に大変な場に引き込まれていますね。先にも述べましたが、私が小泉政権の金融担当大臣のときには、銀行からヒアリングして意見は聞くけれども、政策決定ボードの中には入れませんでした。これは新聞社にたたかれましたが。

4 「移民問題」は日本の問題でもある

2020年以降、「移民」は避けて通ることができない問題として表面化してくる

竹中　次に、「移民」に関して議論してみたいのですが……。

大竹　移民の受け入れですか。

竹中　そうです。2020年以降、移民の受け入れをどうするかという問題は、日本としては避けて通ることができない問題として表面化してくると思います。

とかく「移民」というとすぐに犯罪率の話などになって、感情的な議論に

なってしまいがちですが、そうならないような素材を提供していくことは経済学者の役割の一つだと思います。わかりやすい例で言うと、シンガポールは住んでいる人の４割弱が移民ですが犯罪率は東京より低い。しかし、そういうデータを出すと、東京とシンガポールは都市のストラクチャーが違うという議論になる。

大竹　移民の問題については伝統的な経済学の議論と行動経済学的な議論があってそれぞれ違う扱い方をしています。

まず、伝統的な経済学では、移民を受け入れると経済的に得になるか損になるかという観点で議論します。

例えば、日本人が知的な労働あるいは高学歴な人がする労働をして、どちらかといえば日本人が苦手なタイプの仕事を外国人がするということであれば、日本全体としてはプラスになると考えます。つまり、移民が国内の労働力と補完的な労働をする限りは得になるという議論です。ところが、もし移民で入ってきた人が代替的であれば、日本の労働者にとっては競争相手が増えるだけです。例えば、まったく同じタイプの人たちがミュータントのように増えたとすれば、競争相手が増えるので賃金は下がる。要するに、移民で得をするのは、移民労働力と補完的な能力を持っている人たちだけです。イ*ギリスのEU離脱の話でも、アメリカのトランプ大統領誕生の背景にも同じ理論が働いていて、外国人移民と代替的な人たちと目されるような人たちが移民に対して強く反対した。

ただ、この点については経済学者の間でもさまざまな議論があって、たとえ同じような仕事であっても自国民のほうがより管理・監督的な仕事をするので補完的でプラスになるという研究結果もあれば、移民も自国民もほぼ同じ労働をするわけだから、賃金が下がって自国民にとっては損になるという研究もあります。

しかし一般的に言うと、人手が足りないといわれる仕事をする補完的な人たちを移民として受け入れることが最も効果があるけれども、移民の人たちと同じ仕事をする日本人にとっては賃金が下がって損をこうむることになるので、そういう人たちに対しては何らかの補償をするというのがスタンダードな経済学の考え方です。

イギリスのEU離脱

ブレグジット(Brexit)。Britainとexitを合わせた造語。2016年6月23日のイギリスの欧州連合離脱是非を問う国民投票で、EU離脱投票がEU残留投票を僅差で上回った。

移民のメリットを理解するようにならないと、デメリットのほうが大きくなる

大竹　最近、行動経済学で注目しているのは、犯罪の話とも似ているのですが、外国人に対する国民感情をどう考えるかという点です。どの国でも同じことですが、自国民よりも移民のほうが利他性の範囲が低いことがわかっています。そうすると、たとえ経済的なメリットはあっても移民は反対だという結論になる。

外国人に対する国民感情についてはさまざまな研究が出ています。例えば、最近有力な専門雑誌に載った研究論文*では、インドとパキスタンとバングラデシュの人たちにクラウドワークをさせた実験結果が報告されています。実験では、あるパートはこのプログラム言語ができる人、次のパートは別の言語ができる人という具合に二人を1チームとして組み合わせて作業してもらい、どの国の人と仕事をしているかを知らせただけの場合と、コミュニケーションのチャンスを与えた場合を比較したところ、コミュニケーションのチ

最近有力な専門雑誌に載った研究論文
Lyons, Elizabeth. 2017. "Team Production in International Labor Markets: Experimental Evidence from the Field," *American Economic Journal: Applied Economics* 9(3):70–104.

ャンスを与えた場合のほうが生産性の低下がみられたという結果が出たのです。

同じ国同士の人であれば、たとえ地域が違ったとしてもそういうことは起こらないのですが、違う国の人との組み合わせになったとたん、コミュニケーションなしで、自分の作業は終わったというボタンを押して相手に知らせるだけのほうが生産性が高く、コミュニケーションのチャンスが与えられると生産性が下がる。そういう実験結果を見ると、外国人に対するある種の特別な国民感情がある国ではなかなかうまくいかないのではないかとも思います。

私がいろいろな国で比較調査をしましたが、日本人は自国民と外国人に対する利他性の程度はまったく違うという結果が出ています。例えば寄付という行為にしても、日本人同士であれば寄付をする場合でも、相手が外国人になると寄付しないという人が増えるのです。もちろん、他の国も外国人に対する利他性は下がりますが、日本の場合はその下がり方が極端に大きい。

そういうことから考えると、移民を受け入れて補完的に一緒に働くということにメリットはあるといっても、そのメリットを明示的に示して日本人が理解するようにならないと、むしろデメリットのほうが大きくなってしまうような気がします。つまり、人口減少に直面している日本は、移民を受け入れざるを得ないと私も思いますが、同時に他文化への理解というか、日本人の共同体意識を広げない限り、デメリットのほうがかなり大きいかもしれません。たいして移民は増えていないにもかかわらず、ヘイトスピーチ*などが目立つようになっているのは、日本が、外国人に対するネガティブな感情がもともと強い国だからで、そこを解消していかないで移民を入れていっても混乱を招く可能性が高いと思います。

明治維新で最大の経済的な効果をもたらしたものは移動の自由

竹中　私は移民の問題を考えるときに明治維新と比べるといいと思っています。明治維新で廃藩置県とか地租改正とか、身分制度（士農工商）の撤廃な

ヘイトスピーチ
hate speech。憎悪表現、差別的表現。人種や出身国など自ら主体的に変えることが困難な事柄に基づいて、個人または集団を誹謗中傷、侮辱する発言や言動のこと。

どいろいろな施策がとられましたが、私は明治維新で最大の経済的な効果をもたらしたものは移動と居住の自由だったと思っています。それ以前は自分が住んでいる藩から外に出るときには手形（つまりパスポート）が必要で、移動の自由が制限されていたわけですが、明治維新以降どこに住んでもよくなった。

　実は移民の問題というのは、長い目で見ると、移動の自由あるいは居住の自由ということです。今、世界の約70億人のうち、移民として海外で住んでいる人は3パーセント（2億人）ですが、潜在的需要はその10倍くらいあるといわれています。ギャラップ社*によれば、どこに住みたいかというアンケート調査の結果をそのまま反映させると、オーストラリアとニュージーランドそしてシンガポールの人口は2倍になり、アメリカの人口は6割増えるということです。もちろん実際にはそんなことはあり得ないわけです。

　また、大竹さんが言われたように、経済学的な分析の一つの視点は、移民が国内の労働市場にどういう影響を与えるかということで、代替的だとする実証研究と補完的だとする実証研究がそれぞれありますが、大方の方向とし

ギャラップ社
アメリカの世論調査企業。

て、私の知る限りでは、意外とマイナスの効果は少ないようです。

例えば、アメリカを例にした実証研究はたくさんありますが、あるべき賃金水準がメキシコ等々からの移民によって下がったかといえば、そんなことはなくて、ほとんど下がっていないという結果が出ている。ただ、アメリカ人の労働時間が少し減ったという結果も出ていて、今回これがトランプ大統領を誕生させた大きな原動力になっているわけです。しかし、アメリカ人の労働時間がどのくらい減ったかといえば、わずか2パーセントほど減った可能性はあるという程度です。

ヒトの自由移動によるメリットはモノの自由移動よりもはるかに大きい

竹中　もう一つの分析視点は、移動の自由によって得られるメリットです。モノの自由な移動によって*消費者余剰と*生産者余剰というメリットが生まれるというのが*自由貿易の理論であり、だからこそ日本は*TPPに賛成したわ

消費者余剰
消費者がある財に対して払ってもよいと思っている金額と実際の市場価格との差額の総和。

けです。この自由貿易の考え方をモノではなくヒトに置き換えた実証研究がいくつかあります。それによるとヒトの自由移動によるメリットはモノの自由移動よりもはるかに大きく、世界の富を増やすという結果が出ています。

例えば、日本のように、すでに機械設備があり資本ストックがある場合には、当然のことながら、日本に労働者がやってきて働くほうが、はるかに生産性が上がる。つまり、比較優位に基づいてモノの貿易の自由化を進めるよりも、ヒト（労働者）の移動を自由にさせるほうが世界のＧＤＰははるかに増えるということです。したがって、移民が労働市場にどのような影響を与えるかについては、個別の効果だけではなくマクロの効果も考える必要があると思います。

もちろんこれはある種、真空状態の議論であって、実際にはかなり大きな感情的なギャップがあることも事実です。しかし、同時に外国人に対するパーセプションは意外に早く変わるかもしれないと思っています。例えば、私は和歌山県出身ですが、明治維新のときには、「紀州の人間は江戸の人間なんかと仕事できない」と言っていたのに、いつの間にかそんな感情はどこか

生産者余剰
生産者がある財について売ってもよいと思っている金額と実際の市場価格との差額の総和。

自由貿易の理論
国際貿易において、比較優位に基づいた自由な取引が行われると、両国にとって交換のメリットが保証されるという理論。デビッド・リカード(David Ricardo,1772-1823)が提唱。

TPP
Trans-Pacific Partnership。環太平洋パートナーシップ協定。環太平洋地域の国々による経済の自由化を目的とした多角的な経済連携協定。

に消えてしまっている。さらに言えば、日本人の対外排除的なセンティメントが出てきたのはきわめて最近のことだと思います。

外国人に対するネガティブな感情は変えることができる

竹中　堺屋太一*さんがよく例に出す話ですが、第二次世界大戦が終わった直後、日本に住んでる韓国人のほうがソウルにいる韓国人より多かったという事実があります。ソウルは当時100万都市で、8割が韓国人、2割が日本人、つまりソウルには約80万人の韓国人が住んでいたのに対して、在日韓国人の定義にもよりますが、それ以上の韓国人が日本にいたということです。

力道山*という人気プロレスラーは北朝鮮の人だし、王貞治*さんのお父さんは中国浙江省生まれで中華民国籍の人です。日本のポップカルチャーは韓国系、中国系の人たちの影響が強い。

実は、江戸時代に鎖国する以前、日本をとりまく地域では頻繁な人の交流

堺屋太一　1935年大阪府生まれ。東京大学経済学部卒。通産省入省。1970年「大阪万博」の企画・実施に携わる。経済企画庁長官、早稲田大学教授などを歴任。

力道山　1924-1963年。本名：百田光浩。大相撲の元関脇。プロレスに転向し、1950年代から60年代に活躍。

があったこともよく知られている。日本をとりまくこの地域は世界でも珍しく「海」で地域がつながっている。オホーツク海、日本海、東シナ海、南シナ海ですが、「海」はとても良い交易の単位で、「湾」だと小さすぎるし、「洋」では大きすぎるというのです。

実際、全体的にみるとアジアは人の移動がきわめて多い地域で、それは、例えばフィリピンやベトナムの人が大勢メイドさんとして香港に行っていることに象徴されています。

ついでに言えば、これも堺屋太一さんの説ですが、きわめて日本的だといわれている赤穂浪士のうちの一人は、祖父が中国から来た人だということです。つまり、実は日本は歴史的には外国人と同化をするのが結構うまい国であって、いま外国人に対するネガティブな感情が強いといっても、それが急速に変わる可能性もあるように思います。

大竹　竹中さんがおっしゃるように、外国人に対するネガティブな感情は変えようと思えば変わるはずです。環境が変わったり、教育が変わったりすると、それも変わっていくと思います。

王貞治
1940年東京都生まれ。国籍は中華民国（台湾）。「一本足打法」でプロ野球シーズン公式戦通算本塁打868本の記録保持。読売巨人軍監督、ソフトバンクホークス監督などを歴任。

それから、外国人が入ってくることのマイナスの効果が小さいという議論には、いくつか理由があって、特にイノベーションの世界でトップクラスの人たちが入ってくると、イノベーションが起こって、その国全体の生産性が上がり、代替される人たちもメリットを受けるということが一つあります。

また、移動とか居住の自由と関わることですが、日本人はいろいろな理由があって日本からなかなか移動しないという現実があります。一方、外国人が日本に入ってくるときには、最も必要とされる所に入ってくる。そして、必要とされなくなったら、日本に愛着がない人たちは日本から出て行く。そういう意味では、外国人を通じて地域間労働移動を活発化するということはあって、それは人手不足をより解消するという形で経済を効率的にする効果はあると思います。

グローバリゼーションによる負担は大きいかもしれないがメリットはより大きい

竹中　移民のメリットとデメリットということで言うと、「労働者は入ってくる。でも労働者と一緒に家族も入ってくる。そうすると社会保障の面で、かえって負担が重くなるんじゃないか」という議論もあります。ただ、そこはどういう形で移民が入ってくるかということと、社会保障として何を実施するかにかかってくると思います。

社会保障を考えると、当然負担は大きくなります。しかし、負担は大きくなるけれども、それによるメリットも大きくなる。例えば国家戦略特区諮問会議*で議論していることはまさにそれで、外資を誘致し、海外企業のCEO*に日本に住んでもらいたいと考えているのですが、彼らが日本に住まない理由がいくつかあります。一つは所得税率が高すぎること。特に高所得者の税率が高いからですが、もっと大きな理由が二つあります。病気になったときに英語で診てもらえるお医者さんがいないということと、子どもの教育、特

国家戦略特区諮問会議
国家戦略特別区域諮問会議。2013年に内閣府に設置。第二次安倍内閣の成長戦略の一つである国家戦略特別区域の指定などを行う。議長は内閣総理大臣。

CEO
Chief Executive Officer. 最高経営責任者。企業で取締役会の指揮の下にすべての業務執行を統括する役員。

に日本語教育と英語教育の両方を受けることができるような教育機関が十分にないことです。

日本では、医師は日本の医師の国家試験を通っていなければ医療行為をすることはできません。他の国ではいくつかの例外をつくって対応していますが、日本では例外はなく厳格に行われているので、英語で治療を受けることがきわめて難しいのが現状です。海外の人が英語で診察を受けられるようにしたり、きちんとした教育を受けられるようにしたりするためには、教育機関についても新たな投資が必要になり、新たな人材を割くことが必要になる。そういう意味で、社会的なコストは高まりますが、それによって得られるメリットも大きい。つまり、グローバリゼーションのコストは増えるかもしれないけれども、全体を通して得られるメリットもそれ以上に大きい。政策を通じてそのメリットをどのように最大化し、コストをどのように最小化するかという議論をこそすべきであって、コストがあるから受け入れないという議論はすべきではないように思います。

大竹　そうですね。

5 日本の教育における課題はなぜ起きているのか？

奨学金を一律に給付型にすることには賛成できない

竹中 いま、奨学金に関して貸与型か給付型かが問題になっていて、これは経済学的な考え方と世間の常識とが異なる一つの例だと考えられますが、私は給付型の奨学金には反対の立場をとっています。大竹さんはどうお考えですか。

大竹 社会の大勢を占めているのは、在学中に貸与型の奨学金を受給し、卒業後にその奨学金の返済のために苦労している若者が増えているから、給付型にしたほうがいいという意見ですね。

竹中　そう。世間のエモーション（感情）としてはそうですね。奨学金返済ができずに破産する若者が増えているということでＮＨＫの『クローズアップ現代＋』でも取り上げられて話題になりました。確かに、ケース・バイ・ケースで考えるべきことかもしれませんが、私は奨学金を一律に給付型にすることには賛成できません。私の認識では、基本的には教育投資は収益率が高く、だからこそ多くの人が大学に行こうとする。

しかし、学生時代に受けた奨学金返済ができずに破産してしまうのは、収益率の高いはずの投資を回収できないということであり、その人が投資に失敗したことを意味します。それはあたかも企業が設備投資に失敗して破綻するようなもので、すべての奨学金を給付型にするということは、銀行は企業に無償で融資すべきだという議論に通じる。現在でも奨学金を受けて勉強しない大学生はたくさんいるので、すべてを給付型奨学金にすれば大学生はますます勉強しなくなる。つまり、極端な言い方をすれば、ただでお金をもら

＊**クローズアップ現代**
１９９３年４月５日〜２０１６年３月１７日、ＮＨＫで放送されていたニュース・報道番組。現在は『クローズアップ現代＋』。

うわけですから勉強する必要が低下するという逆のインセンティブを与えるような気がします。

奨学金が返済できずに破産をしてしまった人は投資を間違ったのであり、そういう人がいるからといって一律に奨学金を給付型にして本当によいのかどうか。少なくとも、本当に労働市場の根本的な問題で奨学金破産のようなことが起きているのかどうか、その人が大学できちんと勉強したかどうかなどを調査したうえで、奨学金を給付型にする必要があるかどうかを判断すべきだと思います。

個人の投資と企業の投資の違いをどう考えるか

大竹　竹中さんがおっしゃるとおり、大学教育の収益率は高く、日本でも平均で6パーセントから7パーセントあると見られています。高卒と大卒の生涯所得を比べて、内部収益率*で計算すると、だいたいそういう数字になるからです。現在、6パーセントを超えるような金融資産はほとんどありません

内部収益率
Internal Rate of Return：IRR. 将来の価値を現在の価値に置き換えた時の割引率のこと。金利にほぼ等しい。

から、そういう意味では大学教育の収益率が高いことは確かです。

ただ、ばらつきがかなり大きいという問題点もあります。高い収益率を得られる人もいるし、竹中さんがおっしゃったように低い収益率の人もいる。あるいはマイナスの人もいる。そういう結果の違いが、果たして真面目に勉強しなかったからなのか、そもそも大学教育に向かない人が大学に行ったからなのか、運が悪かったのか、識別することが難しいといえます。

事業で失敗する人がいるように、努力したけれども運が悪く、高等教育を受けてもうまくいかない人たちがいる。また、ヘドニックプライス*という経済学の考え方ですが、収益率がそれほど高くなくても、満足度の高い仕事であれば、賃金とは違う喜びを得ていて、それを金銭に換算すれば十分に恵まれていると考えることもできます。いずれにしても、教育投資の収益率は高いから、それに失敗した人はすべて自己責任ということではなく、教育投資のばらつきをどう考えるかは重要なことだと思います。

竹中　そうですね。ただ、個人の投資と企業の投資の違いはどう考えますか。企業は自己責任なのに、個人の場合は企業と同じようなわけにはいかないの

ヘドニック・プライス
商品の価格や賃金をさまざまな性能や機能の価値の集合体（属性の束）とみなす考え方。

は、情報の不完全性があるからですか。

大竹　確かに、情報の不完全性は大きな理由だと思います。また、自分が向いているか向いていないかとか……。

竹中　それは企業も同じですけどね。

大竹　同じですが、どこが違うかといえば、ほとんどの企業はいくつかのポートフォリオを組んでいて、一つの事業だけをしているのではなく、複数の事業をしていることです。したがって、ある事業が失敗してもまだなんとかなるかもしれません。しかし、個人にとって大学教育を受けるかどうかというのは、たった一つの「事業」ですから、それに失敗したときのコストはかなり大きいということです。

給付型奨学金の枠を少し広げることは理屈としてはありうる

大竹　もう一つは、教育には外部性*があることです。ある個人が教育投資を

外部性
Externality. 市場での経済主体の意思決定が他の経済主体に市場を通さずに及ぼす影響。他の経済主体に有利に働く場合を「外部経済」、不利に働く場合を「外部不経済」という。

して受ける収益だけではなく、他の人も収益を受ける。例えば、教育を受けて多くの人が高いコミュニケーション能力を持ったり、あるいは高い計算能力を日本人全員が持ったりするようになれば、経済取引が活発になる。教育を受けた人が大発明をしてくれると、その恩恵はその人だけではなく日本人全体に行きわたるので、教育に対してある程度税金を投入してもいいということは伝統的経済学でも言えます。さらに、教育を受けることで生涯所得が高くなると、生活保護の受給確率が減ったり、犯罪発生率が低下したり、健康レベルが上昇して医療費が低下する可能性もあります。そうしたことは、税金の負担率の軽減につながります。外部性がどの程度あるかということは実証的な問題ですが、計測はなかなか難しい問題です。

さらに言えば、有利子の奨学金だけでいいかどうかについては、借り入れ制約の問題もあります。家が貧しいから大学に行けない人は、いわば借り入れ制約に直面しているわけで、そういう人たちに対して、収益率が高く返済の可能性が十分あるから利子付きで奨学金を貸すというのはスタンダードな経済学の考え方ですが、収益率に不確実性がある状態で、貸与型奨学金だけで十分かどうかはわかりません。本人だけの問題ではなく、親の収入や家庭環境の問題もあるからです。

私は竹中さんの意見に反対しているわけではなく、全面的に給付型にすべきだともまったく思っていません。ただ、現実に一部は給付型奨学金があり、その枠を広げるということは理屈としてはありうると思います。

ただ、そこから先はよくわからない。高卒で就職するか大学進学かで迷っている人たち全員が大学に行くと社会は本当に良くなるのかどうかわかりません。例えば、プロ野球選手になろうと思っている人全員が大卒になったとして、それで世の中が良くなるかといえばそんなことはありません。大谷翔平選手*のような人は、大学まで行って4年間を無駄にするよりも高卒でプロ野球選手になったほうがいいからです。

日本は世界的に見ると大卒比率は低い国であり、世界的な動きとしては技術革新で高学歴者に対する需要が増えてきているので、もっと高学歴者を増やすべきだという議論がありますが、先ほど言ったように、教育の収益率にはばらつきがあり、すべての人にとって同じかどうかはわからないからです。

大谷翔平
1994年岩手県生まれ。北海道日本ハムファイターズ所属のプロ野球選手。プロ野球史上類を見ない投手と野手を両立する「二刀流」選手として有名。

そう考えていくと、すべての奨学金を給付型にして全員にばらまくのはやり過ぎだと思いますが、給付型奨学金の範囲を拡大すること自体は悪くはないと思います。

「大学生が選挙権を持つようになるので、給付型の奨学金にしよう」？

竹中　冷たい言い方かもしれませんが、個人の救済というのは、その人が必要最低限の生活を営むことができるようにすることであって、給付型の奨学金についてはその範囲を超えているように思います。

一般的に言うと、政策には必ずデメリットがある。副作用のない薬がないのと同じように政策には必ず副作用があるということです。例えば、給付型が増えた場合、明らかに大学生が勉強するインセンティブをなくす可能性がある。もちろん、個々人によってばらつきがあり、奨学金を返すためではなく、もっと別の目的で勉強している学生がたくさんいることも知っています。

ただ、大竹さんがいみじくも「教育の収益率にはばらつきがある」とおっしゃったように、そのわからない中でどう判断していくかが今求められていると考えると、私は当面は給付型のデメリットが表出してくるように思います。したがって、個人の救済のような奨学金にすべきなのか、あるいは保証制度を作って保険でリスクを回避するような仕組みを考えるのか、そういう選択肢の議論をもう少しすべきだったと考えます。

要するに、給付型の奨学金を導入しようとするプロセスが非常にエモーショナルで、かわいそうな人がいるから給付型にしようという単純すぎる議論しかなかった。

大竹 政治的には「18歳選挙権」にするということが大きかったようですね。「大学生が選挙権を持つようになるので、給付型の奨学金にしよう」ということかもしれません。

竹中 18歳向けのバラマキですね。

大竹 そう。ただ、そういうことではあっても、成績がある程度以上でないと奨学金の給付を打ち切るというような形で、勉強に対するインセンティブをきちんと付けるべきですね。

竹中　確かに、そこに尽きると思います。

若者は今を我慢して、将来を大事にすることが苦手

竹中　一般的には、おカネの貸し借りの場合には、貸し手と借り手の能力が圧倒的に違います。それは、金融業者は毎日金融取引を行っているのに、借り手はめったに借りないし、基本的に住宅ローンは一生に1回しか借りないからです。だから、貸し手のほうに説明責任があるということで、金融商品取引法があり、借り手がどういう財政状況になるかを説明したうえで貸さなければいけないという義務が貸し手に課されている。つまり、貸し借りに関する情報量が圧倒的に違うのに、奨学金の場合はその辺があいまいなので、返済に困る人が多くなる。

だから、奨学金を融資だと考えるならば、これについても金融商品取引法のような概念を当てはめて、借り手にきちんと説明する義務が貸し手にはあ

る。

大竹　おっしゃるとおりだと思います。将来のことを考えたくないという人たちが多いときに、返済する時にはこうなるということがわかるようにして、借り手に合理的な選択をさせるように誘導する必要があります。

ただ、どれだけ今を我慢して将来を大事にするかという忍耐度とか時間割引率*を見ると、若者は高いという結果が出ています。時間割引率が高いということは今のことを大事にするということで、我慢ができない。ライフサイクル的に見ると、30代から40代にかけて我慢できるようになり、高齢者になるとまた我慢できなくなる。我慢しても将来がない人たちは今しかないからです。

竹中　今が大事。

大竹　ええ。若い人たちは今が大事と考えるので、将来の借金返済についてはあまり考えない。今、たくさんもらえるほうがいいと考えて、若い人たちも高齢者も今を選ぶ。そうすると、宿題を先延ばしにするのと同じように、後で苦労することになる。だから、若者に対しては、将来の返済負担を強調

時間割引率
時間の経過によって価値が目減りする割合のこと。将来の価値を現在価値に換算するときに用いる。

するような貸し付けの仕方をしないと借り過ぎるのは事実です。私がかつて指導した学生で、返済する目処もないのに奨学金の枠を全部使って借りている人がいましたが、返済のことを考えているのかなと疑問に思っていました。

若者たちは将来年金がもらえるかどうかを心配している

竹中　若い人と高齢者の主観的割引率は似ていて、中間世代は将来を大事にする傾向があるというのはその通りだと思いますが、現象面だけ見ると、今の若者は少し違っているのかなと思うところがあります。それはなぜかというと、若者たちの会話を漏れ聞く限りでは、彼らは将来年金がもらえるかどうかを心配していると思われるからです。若い人は支払った分だけの年金を将来受け取ることができないとマスコミが喧伝しているから、それを鵜呑みにして話しているだけだという可能性はありますが、少なくとも私たちは若い世代のときに年金の話をした記憶はほとんどありません。

そもそも、もし将来が心配であれば、個人で年金保険に入ればいいわけで、若者は老後のことを考えないから後で困ったことになるだろうということで、国がある意味おせっかいをして公的年金制度*を作っているわけです。

大竹　本当に心配していたら貯金するはずなのに、ほとんど貯金はしていないので、あまり心配していないのかもしれません。確かに若い人の年金未納率は高いといわれていますが、それは所得が低いことが最大の原因です。ただ、所得が低くても払っている人はいるわけですから、そういう若者は将来のことを重視しているということだと思います。

時間割引率の話と年金をもらえるかどうか心配しているというのは、決して矛盾していないと考えることもできます。預金をしていないといわれている若者たちが消費を増やさないのは、将来のことを心配しているというよりも、昔の世代より老後が長くなったことの効果だと考えられるからです。つまり、若い人の時間割引率が高いのは変わらないけれど、老後が長くなったという効果と、年金額の減額幅が大きくなるという予想が高まったということだと思います。

公的年金制度
国が行う年金制度。日本の公的年金には、老齢年金として国民年金、厚生年金がある。社会保障の観点から財政援助や税制優遇措置が与えられている。

竹中　若い人の要貯蓄額が高まったってことですよね。

大竹　そういうことです。ただ、全体的に言って、将来のことを心配している若者は少ないことは確かで、仮に心配している人たちが竹中さんの周りにいるとすれば、それはある程度、受験勉強をしっかりしているからだと思います。将来のために、いま遊ぶ時間を削って勉強するわけだから、彼らの時間割引率は低いはずです。

竹中　なるほど。

初等中等教育では「読む」ことと「書く」ことが重要

大竹　ところで、初等中等教育について議論したいと思いますが、竹中さんは小中学生にどのような教育が必要だと思いますか？

竹中　基本的には、子どもたちには分野を問わずたくさん読ませて、たくさん書かせることが必要だと思います。「読む」ことと「書く」ことは、いろいろな思考の、そして勉強の基本だからです。日本の初等中等教育では、あまりものを読ませないし書かせない。だから、東大や阪大など有名大学を出ても会社ではまともな文章が書けなくて、上司から赤鉛筆で真っ赤に直されるとよく言われる。

　私の娘がアメリカの普通の中学・高校に通っていたときには、これでもかというくらいたくさん読ませて、たくさん書かせていると感じていました。

大竹　生徒が書いた文章に対して教師がコメントしてくれるわけですね。

竹中　そうです。読むことと書くことは思考することに通じる。論理立てないと書けないからです。初等教育のうちにそういうことをやっていくことが重要であり、知識を覚えることはたぶんその次だと思います。日本では「覚える」ということは「考えるな」ということであり、考えている時間があるのだったら覚えろといわれる。

大竹　竹中さんがおっしゃるように、書くということは確かに大事なことだと思います。私は研究者として文章を書くようになって指導教員や編集者にだいぶ鍛えられました。学術論文を投稿しても、書き方が悪いとうまく意図が伝わらず、査読者や編集者から厳しいコメントをもらって、なかなか掲載までたどり着きません。

竹中　例えば、歴史の年号を覚えなければならないというのは偏差値偏重の弊害でしょうね。今、中学高校ではアクティブ・ラーニング*ばやりで、どこ行ってもアクティブ・ラーニングと言うけれど、まともな議論はあまりない。マイケル・サンデル*の『白熱教室』*はわかりやすい一つのきっかけにはなったと思いますが、要するに、社会の問題の多くには絶対的な正解はないということです。笑い話みたいですが、誰と結婚するかの絶対的な正解はないのであって、だいたいこれが正解だろうと思って結婚する。そして、そうではなかったことに後から気づくわけです。

大竹　そうですね、とは言えません。

竹中　学者は常に一般論で話す（笑）。

アクティブ・ラーニング
Active Learning. 能動的学習。従来型の一方的知識伝達型講義を聴く「受動的学習」ではなく、書く・話す・発表するなどの活動への関与などを含む学習のこと。

マイケル・サンデル
Michael J. Sandel（1953－）アメリカの哲学者、政治哲学者。ハーバード大学教授。代表的コミュニタリアニズム（共同体主義）論者。

『白熱教室』
NHK教育テレビ（Eテレ）他で放送されている教養番組。

スタンフォードの幼稚園で行われたマシュマロ・テストでわかったこと

大竹　小学校の国語の授業でも、感想文を書かせるとか読み取り方を教えるだけではなく、論理的な文章を書くというトレーニングをもっとしたほうがいいと思います。論理的な文章を書くというのは、基本があってある種のテクニックもありますから、きちんとトレーニングをすれば身に付くはずだし、それを身に付けておけば論理的な文章をもっと早く、誰でも書けるようになるという気はします。感想文を書かせる場合でも、最初にどのようなことを書いて、次に何を書くというフォーマットを指定した上で書くようにすれば、どのように書けば人に伝わるかということを理解できると思います。一度、きちんとした型を身に付けてから、自分のスタイルを作るという手法があっていいと思います。

もう一つ、子どもの頃に我慢をすることを覚えさせるのが大事だということです。

スタンフォード大学の教授だったウォルター・ミシェル*がスタンフォードの保育園で行ったマシュマロ・テスト*があります。4歳ぐらいの子どもの前にマシュマロ1個を置いた皿を置き、「私が戻ってくるまで食べなかったらもう1個あげる」と言って出かけ、20分後に戻ってくる。ほとんどの子どもは20分も待てません。そこで、待つことができたかどうかに分けて、10年後、20年後と追跡していったのです。10年後には待つことができた子どもと待てなかった子どもの成績が大きく違ったという結果が出たのです。全米共通の標準テストSAT*の点数でいうと、待つことができた子どものほうが平均で210点も高かった。大人になっても所得や健康レベルがまったく違うことがわかったのです。

待つことができた子どもと待てなかった子どもはどこが違うかというと、待つことができた子どもは自分が食べそうになったときに、その誘惑から逃れるすべを知っていたということです。マシュマロを見ないようにするとか、歌を歌うとか、変な顔をするとか、食べそうになる誘惑を逃れるすべを知っていた。だから長く待つことができたのです。

ウォルター・ミシェル
Walter Mischel（1930－）オーストリア・ウィーン生まれ。ナナスから逃れるため幼少時にアメリカへ移住。コロンビア大学心理学教授。専門はパーソナリティ理論、社会心理学。

『マシュマロ・テスト　成功する子・しない子』
ウォルター・ミシェル著、柴田裕之訳、早川書房、2015年。

SAT
大学進学適性試験。アメリカの非営利法人College Boardが主催する全米共通の標準テスト。アメリカの高校生が大学へ入学を希望するためによく受けるテスト。

竹中　そういうノウハウは？

大竹　親が教えていたようです。自制心が大事だということを親がきちんと教えていて、そういうことを小さい頃に身に付けておくと、大人になってからもずいぶんと差が出るということです。

夏休みの宿題をいつやるのかと大人になってからの肥満に関係があることがわかった

大竹　実は、私たちも日本で大規模アンケートを行ったことがあります。その実験でわかったことは、夏休みの宿題をいつ行ったかという指標で大人になってからの行動を説明できるということです。肥満になっているかどうか、ギャンブルをするかどうか、飲酒をするかどうかがわかるし、借金をするかも説明できる。消費者金融で多重債務になったかどうかもかなりそれと相関していることがわかりました。さらに言えば、後で議論になるかもしれませんが、長時間労働をする人も、夏休みの宿題を最後にやっていたタイプであることがわかっています。

要するに、小さい頃にきちんと目標を達成するノウハウを身に付けておくことです。夏休みの宿題を早く済ませるノウハウはおそらくたくさんある。例えば、誘惑に負けないような計画を自分で立てるとか、１日の分量を決めて勉強してから遊びに行くとか、図書館で勉強するとか、大きな目標を小さな目標に分割して達成感を得るとか……。そういうノウハウがあるので、それを身に付けて自分でコントロールできるようにすることです。

実は、そういうセルフコントロール能力を身に付けた人とそうでない人を小さい頃からずっと追跡した調査がニュージーランドにあって、それによるとセルフコントロール能力を身に付けると所得は多少増加するくらいですが、最も大きな効果としては健康度が大幅にアップすることがわかっています。また、長期的には良い人間関係も築けるようになる。勉強を通じて獲得する能力もあるけれども、セルフコントロール能力を身に付けるということも大事だという気がします。

典型的なアクティブ・ラーニング教育をするミネルバ大学のモットー

竹中　マシュマロ・テストの話からいくつかの重要な教訓が導き出せそうですね。一つは、人間には認知能力と非認知能力があり、英語や算数の点数などが認知能力のわかりやすい例ですが、自制心とか我慢強さなどの非認知能力はそれ以上に重要だということです。そのような生活の基本態度に関する能力が大事で、それは学校教育以前に身に付くものだと考えられています。非認知能力をもっと認知できるようにしようという研究も進んでいるようですが、それをどう高めるかについては、まだそれほどは解明されていない。だから、いわゆる良い家庭できちんとしつけをしているかどうかで、その後の人生が決まっていくというところがあります。

もう一つは、我慢できたらマシュマロをもう1個あげるというのは、いわゆる「インセンティブ」で、これが結構効くということです。例えば、「テストで頑張ったらお小遣いをあげる」というのは、お金を餌にして釣るようなもので良くないという議論もありますが、実はかなり効果があるという結論が出ています。ここで重要なのは、「良い点数を取った」という結果ではなく、例えば「本を何時間読んだら」というプロセスを大事にすることです。いま大竹さんがいみじくも言われたように、そこに行き着くためにはいくつかのノウハウがあって、そのノウハウの一つか二つに対してインセンティブを与えると効果があるということも実証的な結果として出されているようですね。

大竹　ええ。

竹中　ところで、教育の話に戻すと、いま世界的に注目されているミネルバ大学*は、アメリカのサンフランシスコにあり開校は２０１４年９月。全寮制で、学生たちは半年ごとに世界の７都市に移り住むことになっていて、通常の科目の授業はすべてオンラインで行われるという新しい大学です。元ハーバード大学学長のローレンス・サマーズ*も支持していますが、ここでは典型的なアクティブ・ラーニングを行っています。ミネルバ大学のモットーは、「クリティカルシンキング、クリエイティブシンキング、エフェクティブコ

ミネルバ大学
２０１４年にアメリカのサンフランシスコに開校。世界７都市のキャンパスを移動しながら学ぶ全寮制４年制大学。

ローレンス・サマーズ
Lawrence Henry Summers（1954−）ハーバード大学教授、世界銀行上級副総裁、財務長官、ハーバード大学学長などを歴任。

ミュニケーション」です。この三つについてはいろいろな人が言っていて、これは自分自身の心掛けみたいな問題ですが、「クリティカルシンキング」とは物事を論理立てて批判的あるいは分析的に考えるということ。「クリエイティブシンキング」とは、単に批判ではなくどうしたらいいかということを創造的に考える姿勢を持つこと。そして、「エフェクティブコミュニケーション」とは、それをしっかりと第三者に伝えられるような訓練をしようということです。

大竹　「クリティカルシンキング、クリエイティブシンキング、エフェクティブコミュニケーション」というのは、まさに現代的な話ですね。なぜかといえば、ＩＴが発達して記憶力や計算力などの定型的な仕事のかなりの部分はＩＴに代替されていくといわれていて、ＩＴが苦手なことが人間の仕事の中心になっていく。そうすると、「クリティカルシンキング、クリエイティブシンキング、エフェクティブコミュニケーション」が重要になる。ＡＩによってＩＴも次第にそれが得意になっていくかもしれませんが、今のうちはまだ人間のほうが優れている。だから人間はそういう面を伸ばしていくことが大事だと思います。

「反競争的教育」によって助け合い精神は希薄になる

大竹　もう一つ、いろいろ研究していて大事だと思うようになったのは、参加型学習*とかグループ学習*と言われているものです。アメリカでも同じような研究がありますが、参加型学習によって互恵性とかソーシャルキャピタル*を高めることができる。つまり、助け合いとか協力という行動が大事だという認識を高めることが知られています。もちろん、生徒同士で教え合うと効率性は落ちる。プロの先生が教えたほうが効率性は高いので、すべてを参加型学習にすることは無理があると思いますが、一部導入することによって信頼感とか互恵性が大幅に高まることが、アメリカでも、私自身の日本での研究でも明らかになっています。

その逆が、実は、日本が少し前に行っていて、今でも時々行われているといわれている「反競争的教育」です。例えば、運動会の徒競走で順位をつけ

参加型学習
学習者に学習過程への積極的参加を促す学習形態。

グループ学習
学級をいくつかのグループに分け、そのグループ内で協力しながら学習する方法。

ソーシャルキャピタル
Social Capital. 社会関係資本。社会・地域での人々の信頼関係や結び付きを表す概念。ソーシャルキャピタルが蓄積された社会では治安や経済などに良い影響があるとされる。

ないとか、徒競走で手をつないでゴールするといったことがよく知られていますが、そういう教育を受けた人たちは、実は助け合い精神が希薄になるようです。皮肉な話ですが、人を蹴落とすような気持ちを抑えてみんな一緒に、ということを教えようとしたのに、まったく逆のタイプの人間が育ってしまった。

竹中　みんな同じなのだから、助ける必要を感じないということになる。

大竹　そうです。そういうロジックになってしまった。当時の日教組*は、生まれ持った素質や能力はみな同じであり、成績が悪い子がいたとしたら、それは教育環境が悪かっただけだという思想で、順位をつけないということにしたのでしょうが、予想外に「だから助け合わなくていい」ということになってしまった。

やはり人の能力を一次元で見るのではなく、多元的に見るようにして、いろいろな能力を持った人がいて、助け合ったほうがいい、という感覚を身に付けることは大事だと思います。ただ、私の研究によれば、互恵性を身に付けた人たちは、所得についてはそれほど高くなるわけではありませんが、健

日教組
日本教職員組合。日本の教員・学校職員による労働組合の連合体。1947年設立。

康になって幸福度が高いという結果が出ています。

竹中　それは主観的な幸福度ですね。

大竹　そうです。健康も主観的ですが、これはさきほど紹介したセルフコントロールというか自制心の効果とかなり似ていて、何を目標にするかにもよりますが、長期的な人生で考えると健康はとても大事だと思います。それから、社会全体で信頼感が高まれば経済取引も活発になるのは間違いありません。お互いが信頼できない国よりも、お互いを信頼する国のほうが、取引が活発になって経済成長も高まる。お互いを信頼して、いちいち価格交渉をしないで定価で買うのが当たり前の社会のほうが、取引にかかる時間もコストもずっと少ないので、そういう社会にしたほうが確かにいいと思います。

競争してこなかった人は相手の立場に立つことができない

竹中　大竹さんの話を聞きながらアダム・スミスを思い浮かべました。スミスは『国富論』*の前に『道徳感情論』*を書いていて、世の中の秩序はどうして保たれるのかというのが彼のそのときの問題意識だったと思います。例えば、人を殺してでもお金を奪うことができれば、自分は得をするのにどうしてそうしないのか。簡単に言うとそれは、人間は相手の立場に立って考えることができるからで、それが抑制として働くというのです。

　大竹さんの話も、競争をしてきた人のほうが相手の立場に立ってものごとを考えることができ、競争してこなかった人は相手の立場に立つことができないということで、アダム・スミスの議論に通じる話なので大変興味深いですね。

大竹　おっしゃるとおりですね。新古典派経済学でいうと、例えば会社組織にしても、安心して仕事を任すことはできないわけです。監視せずに「この仕事やって」「賃金はこれだけ」と言うだけでは誰も仕事をしないというのが新古典派経済学の考え方だからです。完全にはモニターできない世界では、信頼感がないと社会は成り立たないし、信頼されたら応えるということがないかぎり取引はいっさいできないという気がします。

『国富論』
An Inquiry into the Nature and Causes of the Wealth of Nations, 1776. 邦訳：水田洋監訳、杉山忠平訳『国富論』岩波文庫（全4巻）など。

『道徳感情論』
The Theory of Moral Sentiments 1759.『道徳情操論』とも。邦訳：水田洋訳『道徳感情論』岩波文庫（上下）など。

竹中　ミルトン・フリードマンは、政府はいかがわしいことをする存在だからということで政府を信じないという議論を展開しています。しかし、ミルトン・フリードマン本人は大学卒業後、ニューディール*の政府の作った特別職に就いて生活の糧を得ることができたのです。一方、J・M・ケインズ*は豊かな人で政府にいっさい助けてもらったことがないけれど、彼の経済学は政府とエリートへの信頼の上に成り立っている。そういうアイロニーは面白いですね。

大竹　そうですね。

ニューディール
アメリカ第32代大統領フランクリン・ルーズベルト（1882-1945）が１９３３年とその後に行った政策。政府が公共事業に大きく投資し、失業者の減少をはかった。

J・M・ケインズ
John Maynard Keynes（1883-1946）イギリスの経済学者。現代経済学者の代表的存在で、マクロ経済学を確立させた。主著：『雇用・利子および貨幣の一般理論』（１９３６年）。

第4章

経済学はもっと面白くなる!

1 日本の経済学と世界の経済学

政策オリエンテッドな問題をどう解くかという研究が進んでいる

竹中 大竹さんは世界の経済学の現状についてどうお考えですか?

大竹 世界の経済学ですか。

竹中 1970年代ころまでの日本の大学では、どちらかといえばマルクス*経済学が中心に置かれていましたが、小宮隆太郎*先生や宇沢弘文*先生など当時の若い経済学者がアメリカの大学で勉強して、いわゆる近代経済学*の理論

マルクス経済学
カール・マルクスが古典派経済学を批判的に継承、発展させて体系化した経済理論。主著『資本論』でその基礎が確立された。

小宮隆太郎
1928年京都府生まれ。東京大学経済学部卒。東京大学教授、青山学院大学教授、通商産業省通商産業研究所長などを歴任。

を学んで日本に持ち帰り、日本の大学でもアメリカ流の経済学が教えられるようになったという経緯があります。

大竹　そうですね。そのころとは様変わりして、いま世界の経済学はかなり共通化しています。アメリカもヨーロッパも日本も、特に大学院では、ミクロ*、マクロ*、エコノメトリックス*は同じテキストを使って、何を教えるかもほぼ決まっているので、世界の経済学は完全に標準化されているといっていいと思います。だから、海外で活躍する若手研究者は一昔前に比べるとかなり増えているし、そういう意味では日本の経済学は国際化しています。

　また、かつては抽象的な理論が評価されていましたが、最近は、現実の制度をどうすべきかを前提に考えている経済学者が増えているように思います。例えば、２０１６年のノーベル経済学賞を受賞したロバート・ホルムストローム*教授とオリバー・ハート*教授の研究は契約理論*ですが、現実の企業とコーポレートガバナンスの在り方についての議論です。また、２０１４年にフランスのジャン・ティロール*教授がノーベル経済学賞を受賞したのも、独占的な企業や公的企業をどう監督すればより効率的になるのかというような研

宇沢弘文
1928-2014年。鳥取県生まれ。東京大学理学部数学科卒。スタンフォード大学経済学部準教授、シカゴ大学経済学部教授、東京大学教授などを歴任。

近代経済学
1870年代以降の経済学体系のうち、マルクス経済学以外の経済学（非マルクス経済学）の総称で、日本独特のもの。

ミクロ
ミクロ経済学。家計（消費者）や企業（生産者）が経済的な取引を行う市場を対象とし、希少な資源の配分について分析する経済学の研究領域。

究業績が評価されたからでした。

　実証研究の面でいうと、「エビデンスベースド」が大事になっています。例えば、かなり細かな制度変更という事実を使って、その制度変更の効果を分析する。何年何月何日からこの制度が始まったから、この制度に対応する人は何年生まれの人というようなレベルのデータを使って、その制度の効果を調べるわけです。

　2012年にノーベル経済学賞をとったスタンフォード大学の*アルヴィン・ロス教授は、研修医と病院のマッチングシステムについての理論的な*アルゴリズムを作って、そのアルゴリズムが実務的にうまくいかなかった場合にはどう修正したらいいか、というような研究をしています。また、学校選択制で、ある学校に行きたい希望者と受け入れ学校のマッチングをどうするかというような研究がノーベル経済学賞の受賞対象になったりするわけですから、研究がきわめて実務的になっているということです。

　さらに言えば、政策オリエンテッドな問題をどう解くかという研究が進んでいます。*開発経済学は若手研究者に人気のある分野ですが、どのような政

マクロ
マクロ経済学。一国の経済全体の動きに着目して、国内総生産（GDP）や失業率、インフレ率などの決定メカニズムを分析する経済学の研究領域。

エコノメトリックス
Econometrics. 計量経済学。経済現象の背後にあるさまざまな因果関係を数量モデル化し、実際の統計データに基づいて検証し、将来予測や経済政策効果の分析を行う研究領域。

ロバート・ホルムストローム
Bengt Robert Holmström（1949-）フィンランド・ヘルシンキ生まれ。マサチューセッツ工科大学教授。2016年ノーベル経済学賞受賞。

策を実施したらその地域の学力が向上するのかとか、失業が減るのか、あるいは労働のインセンティブが高まるのかということを、一つ一つ考えたうえで、どの政策が効果的かを実験していく。実証研究や実験経済学を研究している立場からすると、きわめて実践的な研究が主流になってきていて、細かいデータや実験の機会がないと、経済学の*トップジャーナルに載らない時代になっています。

政策論としては、大きな流れを捉えて予測するところに関心が向かっている

竹中　私は世界の経済学というよりも、経済政策という視点から、*ポリティカル・エコノミーの分野で、いま世界でどのようなことが議論になっているかということをお話ししたいと思います。

　政策に関していえば、例えば、*ダボス会議に出てくる経済学者は減っていて、ポリティカル・エコノミーとか*地政学の分野の人の出席が増えています。

オリバー・ハート
Oliver Simon D'Arcy Hart（1948－）イギリス生まれ。ハーバード大学経済学部教授。２０１６年ノーベル経済学賞受賞。

契約理論
ミクロ経済学の一分野で、企業統治や制度などについて、取引当事者間の契約に着目し、情報の不完全性や契約の不完備性を分析する。

ジャン・ティロール
Jean Marcel Tirole（1953－）フランス・トロワ生まれ。フランス社会科学高等研究院教授。２０１４年ノーベル経済学賞受賞。

大竹さんが指摘されたとおり、経済学の分野で具体的な実証研究が進んでいますが、一方で地政学あるいはポリティカル・エコノミーの分野の人たちの議論を聞いていると、何か新しいコンセプトを求めるような分野に光が当たっているようです。つまり、世界の大きな流れをどのように捉えたらいいのかというところに関心が移っていて、例えば「ポピュリズム*」を地政学的にどう捉えるかとか、今起こっていることを「ハイパーポピュリズム」という言葉で定義するとかです。

ハイパーポピュリズムの背後には、社会の分断があります。インドの経済学者ラグラム・ラジャン*が数年前に『フォールト・ラインズ*』という本を書き、日本でも2011年に出版されて大きな話題になりました。彼は、IMF*のチーフエコノミストやインド準備銀行*総裁などを歴任した人で、「フォールト・ラインズ」とは「断層線」のことです。「フォールト」には「間違い」とか「反則」という意味もあるので、かなりネガティブな言葉で、社会の断層がずれて取り残されて絶望的になった人たちが政治的な要求を出し、それに対してポピュリストが応じているという構図をしめしたのです。

アルヴィン・ロス
Alvin Elliot Roth（1951–）スタンフォード大学教授。2012年ノーベル経済学賞受賞。

アルゴリズム
algorithm. 数学、コンピューティングなどの分野で、問題を解くための手順を定式化した形で表現したもの。解を得るための具体的手順および根拠を与える。

開発経済学
development economics. 発展途上国の経済発展を対象とする経済学の一分野で、貧しい国が豊かな国になるためにはどうすればよいかを探求する研究領域。

トップジャーナル
主として研究者の執筆し

例えば、アメリカのトランプ氏が「メキシコから労働者が入ってくるのはけしからん。私が壁を造ってあげましょう」と言って大統領になる。イギリスではEUを経由してくる移民がけしからんということで、EUを離脱することになった。そういうことが今、伝染病のように広がっていて、イタリアでは*レンツィ首相が辞任し、フランスでは*オランド大統領の再選がなくなった。ヨーロッパで最も長く２００５年からトップを続けているドイツの*メルケル首相も今年の選挙では結構苦戦しました。

そういうポピュリズムをどう理解するのか、これは厳密な経済学的な実証に結び付いてはいませんが、それがナショナリズムという形で*保護主義になった場合にどうなるのかという問題提起がなされているように思います。数年前、*トマ・ピケティ教授の*『21世紀の資本』が世界中で話題になりましたが、それも断層現象を説明しようとしたものの一つです。

それともう一つは、いま新しいデジタル技術革新の中で、世界で見るとやはり大きな変化が起きていることです。ドイツで始まった*インダストリー４.０が世界にどのようなインパクトをもたらすのか。その結果、例えば、

た論文を掲載する学術雑誌のうち、その分野で最も権威のある雑誌のこと。

ポリティカル・エコノミー
political economy. 政治経済学。経済現象を社会的な構造や制度などを含めた広い視野から分析する学問分野。

ダボス会議
1971年に設立された非営利財団・世界経済フォーラム（本部はスイス・ジュネーブ）がスイスのダボスで開催する年次総会。

地政学
geopolitics. 地理と政治の密接な関係に着目して、地理的環境が国家に与える政治経済的・軍事的影響を研究する学問分野。

今ある職業の約半分がなくなるとかで、大きな注目を集めています。そういうコンセプトがどこから出てくるかということに関しては、少し前に、トロント大学の*リチャード・フロリダ教授が作った「メガリージョン」という言葉が参考になると思います。彼は都市社会学の専門家で著書は日本語でも翻訳されていますが、衛星から撮った地球の夜の写真をもとに「地球は20〜30の光の塊『メガリージョン』(＝大都市圏)でできている」と言ったのです。衛星写真から見えた最大のメガリージョンは東京圏で、2番目がボストンやニューヨークなどの米国の東海岸地域です。

大竹　北朝鮮は真っ黒になっている。

竹中　そうです。だからメガリージョンのメカニズムをどう解明するのか。政策論としては、大きな流れをどう捉えて、どう予測するかというようなところに関心が向かっていると思います。

ポピュリズム
populism. 衆愚政治。大衆迎合主義。一般大衆の願望、不安などを利用して、大衆に迎合して政治・経済・文化エリートなどと対峙しようとする政治思想・政治姿勢。

ラグラム・ラジャン
Raghuram Govinda Rajan (1963-) インド・ボパール生まれ。シカゴ大学教授、IMFチーフエコノミスト、インド準備銀行総裁などを歴任。

『フォールト・ラインズ』
Fault Lines: How Hidden Fractures Still Threaten the World Economy. 邦訳：伏見威蕃・月沢李歌子訳『フォールト・ラインズ「大断層」が金融危機を再び招く』新潮社、2011年。

日本の経済学は進んでいるのか、遅れているのか、微妙！

大竹　実は、経済学もそういう流れはちゃんと受けてはいます。例えば、移民の研究、メディアの研究、デジタル技術が経済に与える影響。それから、＊シェアリング・エコノミーの研究とかです。

竹中　そうですね。

大竹　アメリカのトップクラスの研究者はやはりいち早くそういう分野に着目して分析するところまで持っていく。あるいは、それほど厳密ではなくても、こういう問題をどう取り扱ったらいいのかという問題提起をする。

竹中　おっしゃるとおりです。

大竹　その後からだんだん時間を追って、きわめてテクニカルな論文が出てくるという形になっています。

竹中　そういうことですね。

大竹　ただ、経済学のトップジャーナルに掲載されるのは、きちっとした分

IMF
International Monetary Fund. 国際通貨基金。国際金融と為替相場の安定化を目的として設立された国際連合の専門機関。本部はアメリカ・ワシントンD.C.。

インド準備銀行
インドの中央銀行。

レンツィ首相
Matteo Renzi（1975-）イタリアの政治家。フィレンツェ県知事、フィレンツェ市長などを歴任。第63代イタリア首相（2014年2月-2016年12月）。

オランド大統領
Georges Nicolas Hollande（1954-）フランスの政治

析のある論文ですから、1段階遅れた頃にやってくる。そういう点から言うと、日本はトップの流れをつくる力が弱い。例えば、主要国の中央銀行の中で初めて日銀がゼロ金利政策を打ったわけですから、日本人としてもっとたくさんの論文を発表して成果を出せばよかったのに、残念ながら他の国がそういうことをやっていないということで、トップジャーナルに載りにくかった面もあります。

私の専門の労働経済の分野であれば、日本の90年代の終わりからの就職氷河期*は一大テーマであり、私たちはそれについての論文を発表したのですが、その頃は海外の経済学者たちは就職難についてほとんど関心を示さず、リーマン・ショック以降ようやく世界的に関心が持たれるようになりました。

竹中 日本の経済学は、進んでいるのか遅れているのか、実は微妙ですね。

大竹 そう思います。

家。第24代フランス大統領（2012年5月-2017年5月）。

メルケル首相
Angela Dorothea Merkel（1954-）ドイツの政治家。2000年よりキリスト教民主同盟（CDU）党首。第8代ドイツ連邦共和国首相（2005年11月-）。

保護主義
保護貿易主義。自国産業の保護などを目的に、外国との自由な貿易に反対し、関税や輸入制限などを課すべきだとする考え方。

トマ・ピケティ
Thomas Piketty（1971－）フランス・クリシー生まれ。パリ経済学校（École d'économie de Paris, EEP）教授。

日本では「検証」という概念が乏しい

竹中　例えば、シェアリング・エコノミーについては、日本ではウーバーも認めないし、*Airbnb は闇民泊なんて言われてきたくらいで、日本は事実として遅れています。だから、シェアリング・エコノミーについては、個別のデータを日本の政府はなかなか出さないという制約もあって、実証実験が進めにくいという現実があります。

ただ、大きなトレンドでいうと、日本だけが今、世界の中で自由貿易を唱えている。少し前まで、日本は保護貿易だと言われていましたが、いま主要先進国で「自由貿易・ＴＰＰ賛成」と胸を張って言えるのは安倍首相くらいしかいないかもしれません。なぜかといえば、欧米諸国はポピュリズム旋風が吹き荒れていて、それどころではないからです。

ポピュリズムで大変なことになるというのは、日本では２００９年の民主党政権誕生で経験済みです。それがよくわかったので、いま社会が安定しているという言い方もできなくはありません。

『21世紀の資本』
Le Capital au XXIe siècle, 2013. 邦訳：山形浩生・守岡桜・森本正史訳、みすず書房、２０１４年。

インダストリー４．０
Industry 4.0. 製造業の第四次産業革命。ドイツ政府が推進する製造業の高度化を目指す国家的プロジェクトで２０１１年に発表。

リチャード・フロリダ
Richard L. Florida（1957－）アメリカ・ニューアーク生まれ。トロント大学教授。専門は都市社会学。

シェアリング・エコノミー
典型的には個人が保有する遊休資産（スキルのような無形のものも含む）の貸し出しを仲介するサービス。

また日本は、デフレは先に進んでいるし、マイナス金利も進んでいる。バブルも先行して経験したわけです。ただ、日本の場合、非常に残念なのは、検証という概念が乏しいことです。日本はなぜバブルになったのか、なぜバブル崩壊後の後遺症がこんなに長引いたのかという「調査と検証」(investigation and verification)を行ってこなかった。

例えば、1997年にアジア通貨危機が起きたとき、タイでは議会が特別の調査権限を与える専門家チームを作って、どうしてこんなことになったのかを検証しました。元東大教授で今はコロンビア大学教授の伊藤隆敏*さんは、タイ財務省財務大臣特別顧問としてそのお手伝いをしたはずです。

日本では、そういうことをすると、前の総裁のメンツをつぶしてしまうからとか、おかしなしがらみもあって、なかなかやろうとしない。日本で初めて検証が行われたのは、福島第1原発事故のケースでした。法律を作り、議会が専門家を集めて、特別な調査権限を与えて、専門家による分析が行われました。しかし、その後は元に戻ってしまっています。

日本はバブルを経験して、バブル崩壊を経験して、不良債権問題を経験し

貸主はその活用による収入、借主は所有せず利用できるメリットがある。

就職氷河期
日本でバブル崩壊後の就職が困難であった1993年から2005年を指す。『就職ジャーナル』による造語。

Airbnb
宿泊施設を貸し出す人向けのウェブサイト。2008年8月設立。本社：サンフランシスコ。

伊藤隆敏
1950年札幌市生まれ。一橋大学経済学部卒。一橋大学教授、タイ財務大臣特別顧問、東京大学教授などを歴任。現・コロンビア大学教授。

ているわけですから、実は分析の対象はある。つまり、そのときにどう意思決定がなされたのか、知りたいことはいろいろあります。経済現象を知りたいし、政策決定のメカニズムも知りたい。意思決定の何が間違っていたのか、何が正しかったのか知りたい。しかし、検証するということをしないので、そういうところに入っていけないんです。

若者の労働力人口が大幅に減っているのは、日本にとって大きな問題

大竹　竹中さんがおっしゃるように、民主党政権がポピュリズムで失敗したこともあって日本社会が自由貿易に傾いているのかもしれませんが、欧米のように失業問題が大きな話題にならない理由がもう一つあります。それは、人口が減少しているからです。２０１０年代以降、日本では人口減少がはじまり、若者の人口が減ってきて、人手不足の状態になっている。

ところが海外では、技術革新の問題や自由貿易の問題の背後には格差拡大

があり、低学歴層の失業問題が大きな問題になっている。それがトランプ大統領を誕生させ、イギリスをEU離脱に追い込んだわけです。つまり、自由貿易や技術革新で被害を受ける人たちの怒りが結び付いている。

しかし幸いなことに、日本は人口が減ってきているので、その問題が他国よりは小さい。人口減少で別の問題を抱えているけれども、世界で最大の問題になっているグローバル化と技術革新の問題が、日本ではそれほど深刻ではないというのはラッキーだと思います。

竹中　そうですよね。

大竹　ただ、若者の労働力人口が大幅に減っているのは、日本にとって大きな問題です。

日本は完全雇用を実現しているのに、なぜ賃金が上がらないのか

竹中　いい機会なので、ぜひ大竹さんに聞いてみたいのですが、日本の完全*

完全雇用失業率
マクロ経済学上の概念である完全雇用が達成され、非自発的な失業者が存在しない状態での失業率のこと。

雇用失業率は何パーセントだと考えていますか。

大竹　自然失業率*ですね。だいたい3パーセントくらいだと思いますが、いま3パーセントを切っているのに、賃金がそれほど上がらない。

竹中　そうですね。

大竹　いま世界的に見てどこでも賃金が上がらない状態になっていますが、なぜ上がらないのか、よくわからない状況です。だから賃金が上がりはじめる失業率を「自然失業率」というのか、それとも雇用状態がきわめて良い状態を完全雇用というのか、難しいところがあります。

ただ、労働市場に入ってくる人と新たに失業する人がだいたい同じ状態になっていて、それほど変わらない状態にはなっているので、均衡していることは確かです。もし不況が進んでいるのであれば、失業プールに入ってくる人のほうが増えるので、失業率は上がっていく。好況の時には逆に失業プールからどんどん出ていって、失業率が下がります。日本ではいま失業率が下がりつつありますが、それでもかなりゆっくりとしたペースなので、そういう意味でいえば完全雇用状態にあると思います。

自然失業率
完全雇用が達成される状態にあっても、産業構造の変化や人口の高齢化など、社会や経済の構造上の理由から存在する失業率のこと。

竹中　ありがとうございます。私はいくつかの論文をサーベイしたのですが、3パーセント台半ばという数字が多かった。

大竹　そうですね。

竹中　そうだとすれば、いまの日本の失業率は3パーセントかそれ以下ですから完全雇用ということになり、いま、日本は世界で唯一完全雇用を実現している国だということになる。ところが賃金が上がらない。そこで、日本の完全雇用失業率はもっと低いという議論がいま出てきていて、それをどう考えるかによって、例えば財政政策をどのくらいにするかという判断にもかかわってくる。例えば、高橋洋一*さんは日本の完全雇用失業率は2．5パーセントと言い始めています。それが正しければ、「だからもっと財政拡大すればいい」という政策提言につながるので、経済学が経済の現状についてタイムリーに答えられるといい。

大竹　そうですね。そういう意味では、日本の経済学者はまだ対応力が弱いのは事実だと思います。ただ、アメリカでは学界をあげて何回か「自然失業率は一体どのくらいか」という議論をして研究は進められていますが、結論

高橋洋一
1955年東京都生まれ。東京大学理学部卒。大蔵省（現・財務省）入省。理財局資金企画室長、経済財政政策担当大臣補佐官、内閣参事官などを歴任。現・嘉悦大学教授。

はなかなか出ないようです。

竹中　出ないですね。いろいろな説があってもいいけれども、もう少し明示的な議論があったらいいと思います。

大竹　そうですね。素朴な議論だと学界で評価されるかどうか疑問であり、かといってアカデミックなレベルでそういう問題に答えられるかというと難しいところがあります。

竹中　アメリカは４パーセント程度ですか？

大竹　そのくらいだと思いますが、それについても論争があります。

竹中　論争があるのはむしろ当然で、幅があるわけですが、仮にアメリカの完全雇用失業率が４パーセント程度だとすれば、アメリカも完全雇用に近づいていることになります。

大竹　おっしゃるとおりで、だから「利上げ」が取りざたされているわけです。利上げしたくないと言っていたジャネット・イエレン*ＦＲＢ議長が利上げを実施しつつあるようなので、そうなんだと思います。

ジャネット・イエレン
Janet Louise Yellen（1946－）
アメリカ・ニューヨーク生まれ。第15代連邦準備制度理事会（ＦＲＢ）議長。

2 メディアに欠落する経済リテラシー

今起きている問題や政策について きちんと議論できるジャーナリストがほとんどいない

竹中　ところで、私は大臣の時代、「メディアはけしからん」と盛んに言い、今でも言っています。なぜそんなことを言い続けているかというと、今起きている問題とか政策についてきちんと議論できるジャーナリストがほとんどいないからです。

例えば、レオナルド・シルク*というエコノミストがいました。ハーバード

*レオナルド・シルク　Leonard Solomon Silk（1918-1995）エコノミストとして、*Business Week*誌やニューヨーク・タイムズ紙などに寄稿。

大学で学位（Ph.D.）をとった彼は、カーター政権とレーガン政権下でＦＲＢ議長を務めたポール・ボルカー*と同級生です。シルクは20年ほど前に亡くなりましたが、彼の著書は日本でも翻訳されています。１９８０年に出た『日曜日の経済学読本』*はかなり評判になりましたが、もともと英語のタイトルは『ECONOMICS IN PLAIN ENGLISH』です。つまり、平易な言葉で書かれた経済学という意味で、身の回りの問題を経済学的にどう考えるのかをわかりやすく書いたものです。つまり、シルクのようなジャーナリストが日本には見当たらないのです。

経済に関しての日本のメディアの取り上げ方は、残念だけれども、大竹さんの本を読めばわかるようなことを、かなりいい加減に書いている。ニーマン*・ファンデーションのトップの人が言っていたことですが、「スピリット・オブ・ジャーナリズムとは権力から距離を置くこと、そして同時に、大衆から距離を置くこと」です。ところが日本では、権力から距離を置くことだけを考えて、大衆べったりといってては言い過ぎかもしれませんが、少なくとも大衆から距離を置くことは考えられていないと思います。

ポール・ボルカー
Paul Adolph Volcker,Jr.（1927-）アメリカ・ニュージャージー生まれ。プリンストン大学卒。第12代連邦準備制度理事会（ＦＲＢ）議長。

『日曜日の経済学読本』
八木甫訳、日本経済新聞社、１９８０年。

ニーマン・ファンデーション
Nieman Foundation for Journalism. １９３８年設立。世界のジャーナリストのための研修プログラム（1年間）をハーバード大学構内で行う。

大衆から距離を置くときには、やはり言いにくいことも言わなければいけない。しかし、マスコミでは、なかなかそういう議論が出てこない。日本の不平等問題にしても、大竹さんが見事に指摘されたように、基本的にはジニ係数*の上昇は高齢者の増加によってかなり説明できるのに、そういうことをきちんと議論しないで、規制緩和の結果として格差が拡大し貧しい人が増えたという作り話のような話を平気で繰り返す。

ジャーナリズムといっても、テレビのワイドショーみたいなものも含まれるのかどうかは議論がありますが、少なくとも、新聞のコラムなどではきちんとした議論をしてほしいと思います。

大竹　同感ですね。親しい新聞記者に聞いたところによれば、新人の時に上司から、「権力から距離を置いて大衆と同じ目線でいなさい」という教育を徹底して受けるとのことです。「本など読まずに現場に行け」と言われるようですが、それは問題だと思います。

竹中　ジャーナリストの問題の背景にはジャーナリズム会社の問題があると思います。例えば、日本の東京大学にも京都大学にもジャーナリスト養成機

ジニ係数
Gini coefficient. 社会の所得分配の不平等や富の偏在を測る指標。係数の値は0から1。値が大きいほど格差が大きい。イタリアの統計学者コッラド・ジニ(Corrado Gini,1884－1965)が考案。

関はありません。だから、さっき言った「権力から距離を置け、大衆から距離を置け」というような基礎的訓練を受けたジャーナリストが日本では少ないのです。例えば、A新聞社のジャーナリストは有名大学を出て、株式会社A新聞のサラリーマンになり、いきなり現場に行かされるわけです。そのシステムはやはり変えなければいけないけれども、なかなか変わりません。

ほとんどの新聞社は上場していないので、ガバナンスがほとんどできていない。ひょっとしたら大学以上にガバナンスができていないのが新聞社だと思います。それに加えて、日本では新聞とテレビが競合しない。テレビが新聞社の子会社だからです。これは昭和30年頃に日本で初めてテレビ電波が出てきたときに、当時の田中角栄郵政大臣*が、マスコミをある程度コントロールするためにテレビの電波を新聞社に渡したことに由来しています。それで、競争がないということなのですが「役人の天下りはけしからん」と言っているA新聞社の人は全国の系列テレビ会社に天下っている。やはり競争がないというのは大きいと思います。

田中角栄
1918-1993年。新潟県出身。郵政大臣、大蔵大臣、通商産業大臣、内閣総理大臣（第64・65代）等を歴任。

「カジノ法」と「年金カット法」
――メディアの経済リテラシーが大きな課題

竹中　最近の例でいうと、昨年（２０１６年）12月に、「カジノ法」が成立しました。正式な名称は「特定複合観光施設区域の整備の推進に関する法律」（「ＩＲ推進法」）で、ＩＲとはIntegrated Resortの略で、賛否両論はありますが、これに反対する人は「カジノ依存症」が増えると言う。ただ、厚生労働省の統計によれば、日本のカジノ依存症者はすでにアメリカの３倍もいる。

大竹　パチンコですね。

竹中　そう、パチンコという隠れたカジノが町中にあるからです。マスコミはそのことを議論しないで、ＩＲをつくったらカジノ依存症が増えるという社説を書いている。これはほんの一例ですが、こういうことが日本の政策を難しくしている要因だと思います。

日本は民主主義の国だから、十分な政策情報を与えられた市民（ウェル・

インフォームド・パブリック）が政策について判断しなくてはならないはずです。そして、それに圧倒的な影響を与えるのはメディアです。もちろん、マスメディアの質が変わり、多くの人が新聞を読まなくなったりテレビを見なくなったりしているといわれますが、アンカーとしての主要メディアのオピニオンはやはり重要であり、メディアの経済リテラシー*が大きな課題だと思います。

大竹　最近の政策でいえば「年金カット法」もそうですね。

竹中　年金改革法ですよね。

大竹　そう。もともとマクロ経済スライド*ということで、年金財政を長期的に安定させるための仕組みとして作られていて、例外としてデフレのときには発動しないということにしていたものを本来の趣旨に戻そうとするだけのものです。それを野党が「年金カット法」という名前を付けて批判し、新聞やテレビもその名前をそのまま使うというのは、やはり世論をかなりゆがめる形になる。だから竹中さんがおっしゃるように、そこは問題だと思います。

経済リテラシー
economic literacy. 経済の知識があり活用できる能力のこと。

マクロ経済スライド
賃金や物価の変動を考慮して年金の給付水準を調整する仕組み。２００４年の年金制度改正で導入。２０１５年４月に発動され受け取り額が実質的に目減りしたと話題になった。

経済学と政策やメディアとの距離がありすぎるのも問題

大竹　メディアと経済学ということでいうと、一般的に経済学は政策やメディアとの距離があります。経済学の研究者は、アカデミックな学術誌に載る論文の数で評価が決まる仕組みになっています。メディアや政策の現場に出ていくと、それだけアカデミックな活動の時間が減りますから、学術論文の数も減って、その分、評価が下がってしまう。だから、良質な経済学者はメディアや政策の現場に行かなくなり、相互のギャップがどんどん広がっていくという悪循環になっています。

しかし、それは最終的にはアカデミズムにとっても損なことだと思います。アメリカでは政策の最先端の課題を経済学者がきちんと分析するという好循環ができているのに、日本の経済学者と政策との距離が広がるとますます悪循環に陥ってしまうことになるからです。また、メディアとの関係にしても、良質な経済学者がメディアに出ていかなくなると、あまり良質でない人たちがマスコミで経済学とはまったく違う話をするようになる。
そうすると、経済学のイメージがさらに悪くなり、長期的には、経済学は必要なしと社会から思われるかもしれないので、かなり深刻な問題です。もちろん、すべての経済学者がマスコミに出る必要はないかもしれませんが、経済学の中心になっている人たちはある程度メディアとの付き合いをしないといけないだろうと思います。
アメリカでも、トップクラスの経済学者全員ではないけれども、ノーベル経済学賞を受賞したポール・クルーグマンやジョセフ・スティグリッツはメディアで積極的に発言しているし、ゲーリー・ベッカーも昔からコラムを書いていました。そういうことをやっていかないと正しい経済学の情報が伝わらないと思います。

竹中　大竹さんは「オイコノミア」（49ページ参照）で活躍されている。

大竹　私は基本的にはテレビにはあまり出ないようにしています。なぜかといえば、相手と信頼関係を築くことができないと、その特定のメディアが伝えたい情報だけを部分的に切り取られて、まったく意図しないようなことが伝わってしまうからです。ただ、どこかで良い循環に持っていかないといけない。「オイコノミア」という番組については、幸い番組制作担当者との信頼関係が構築できたので、引き受けて、出ているわけです。あのような経済学教養番組が成立して、2017年時点で6年も継続しているというのは、驚くべきことで、始めたときはまったく予想できませんでした。

日本にはパブリックインテレクチャルズという概念が希薄

竹中　コロンビア大学のジェラルド・カーティス教授[*]から、日本にはパブリックインテレクチャルズという概念がきわめて希薄だと言われたことがあります。「パブリックインテレクチャルズ」とは、学問的な業績があり、きちんとモノを考えることができ、しかも大衆に対して語りかけるコミュニケーション能力を持っている人のことで、そういう人がいないと社会は良くならない。アメリカでも規模の大きい機関などは、パブリックインテレクチャル

ジェラルド・カーティス
Gerald L. Curtis（1940–）アメリカ・ニューヨーク生まれ。コロンビア大学教授。専門は日本の政治外交、日米関係など。

ズを明示的に作る努力をしている、と。

それとも関連しますが、学問がある程度細分化していくのは仕方ない面がありますが、日本には経済学の社会教育の専門家がいないと思います。アメリカの大学などで使われている定番の経済思想史の教科書である『The Worldly Philosophers』*という本があり、日本でも翻訳が出ていますが、著者のロバート・ハイルブローナー*の専門は経済学の社会教育だったのです。そういう人が日本にはいないので、日本の大学でもそういう専門家をつくることも、考えたほうがいいと思います。

大竹　日本でも自然科学の分野であれば、サイエンスコミュニケーターとかサイエンスライターとか、自然科学の知識を持って一般向けに伝える人たちがいますね。科学が直接なにかに役立つかといえば、必ずしもそんなことはないわけです。例えば、カミオカンデ*やスーパーカミオカンデ*のニュートリノの研究がどのような役に立つのかよくわかりませんが、何となく夢があるし、ノーベル賞を受賞することができる。そして国民のサポートがあるから、税金であれだけのお金をかけて研究を続けることができるわけです。あの研

The Worldly Philosophers 邦訳：『入門経済思想史——世俗の思想家たち』八木甫・松原隆一郎・浮田聡・奥井智之・堀岡治男訳、ちくま学芸文庫、2001年。

ロバート・ハイルブローナー Robert L. Heilbroner (1919-2005) アメリカの経済学者。ニュースクール大学教授などを務めた。

カミオカンデ Kamiokande. ニュートリノを観測するために、岐阜県神岡鉱山地下に存在した観測装置。1996年にスーパーカミオカンデが稼動したことによりその役目を終えた。

究に文句を言う人が少ない背景には、中学や高校の理科教育があり、大人向けにサイエンスコミュニケーターやサイエンスライターの人たちが本を書いたり、テレビに出たりして、一所懸命その魅力を訴えているということはあると思います。

スーパーカミオカンデ
Super-Kamiokande. 岐阜県飛騨市神岡町（旧吉城郡）旧神岡鉱山内に設置された世界最大の水チェレンコフ宇宙素粒子観測装置。東京大学宇宙線研究所が運用。

ニュートリノ
光と同程度の速度を持つ電気的に中性の素粒子。微小の質量を持ち、強い相互作用と電磁相互作用を起こさないため、見えず、触れないが、宇宙には数多く存在。

3　経済学は新しい学問。もっと面白くなる！

経済学は役に立つと思われ過ぎているから努力してこなかった

大竹　そう考えていくと、経済学は役に立つと思われ過ぎているから、そういう努力がなかったのではないかと思います。

竹中　「経済学は役に立つと思われ過ぎている」というのは重要な指摘ですね。確かに、「経済学は役に立つか」という問い掛けはよくされますが、例えば「政治学は役に立つか」とか「社会学は役に立つか」というような問い掛けは聞いたことがありません。だから、それは経済学に対する期待の表れでもあるわけです。

大竹　アメリカやイギリスの経済学者は、経済学は役に立ち、意味があるということを常にプレゼンして研究資金を獲得している。国民の税金からの研究費だけではなく、民間からも資金を集めて研究活動をしています。これからは日本でもそういうことが大事であり、そのためには今まで欠けていた宣伝活動や啓蒙教育が決定的に重要になってくると思います。

竹中　重要な点は、「経済学は新しい学問だ」ということです。経済学がいつ成立したかという点については論争があると思いますが、一般的には1776年のアダム・スミス『国富論』から、といわれています。ただ、『国富論』には、重商主義への反対とか、植民地アメリカの独立擁護とかが書いてあり、その理論的背景としてアダム・スミスはピン工場を例に分業とか競争の話を書いている。

そういうことを考えると、当時は社会が変動していて、昨日とは違うことが今日起こるという状況であり、資本が蓄積されて産業革命で革新的な技術も出てきていて、アダム・スミスの分析が求められたように思います。

ところが、私たちが若い頃に憧れた、物理学的な理論モデルを作ってデータで実証するという経済学のスタイルの確立とともに、役に立つ学問というイメージが確立されてしまった結果として、経済学が柔軟性をなくしているという面がある。

大竹　そうですね。

竹中　経済学は「陰鬱な科学」（dismal science）という有名な言葉があります。ロバート・マルサス*が『人口論』*で「穀物は算術級数的に増えるのに、人間は幾何級数的に増える」と書いて将来を悲観したことに対する言葉として、トーマス・カーライル*が言ったといわれています。早稲田大学の若田部*昌澄教授の『経済学者たちの闘い』*によれば、当時の階層秩序を前提とせずに市場の需要と供給によってものごとが決まるとする経済学の原理そのものを、彼は「陰鬱」なものとみなしたということです。

今はクルーグマンが、「dismal science」みたいなことを言っています。反

ロバート・マルサス
Thomas Robert Malthus（1766–1834）古典派経済学を代表する経済学者。有効需要論を唱えて、後にケインズに影響を与えた。

『人口論』
An Essay on the Principle of Population. 邦訳：高野岩三郎・大内兵衛訳『初版 人口の原理』岩波文庫、１９６２年、など。

トランプ大統領の立場をとる彼は、最近の『ニューヨーク・タイムズ』で「もう世の中終わり」みたいなことを書いています。ただ、クルーグマンは、経済学には三通りあるとも言っています。一つは、「ギリシャ文字の経済学」、二つめが「アップアンドダウンの経済学」、そして三つめが「エアポートブックスタンドの経済学」。ギリシャ文字の経済学というのは、オメガ、シグマとか難しい数式で埋め尽くされたアカデミックな経済学であり、「アップアンドダウンの経済学」は、株が上がるか下がるかという話です。そして、三つめの「エアポートブックスタンドの経済学」は、バラ色の世界が来るか、それとも世界が崩壊するかというような物語のことです。

いずれにしても、ギリシャ文字はほとんどの人がわからないし、アップアンドダウンはウォール街や兜町の話であり、世界が崩壊することはないと思うので、もう少し建設的な、それこそ大竹さんが書いたような話をきちんと解説できるような経済ジャーナリズムが必要だと思います。

トーマス・カーライル
Thomas Carlyle（1795–1881）。19世紀イギリスの歴史家・評論家。

若田部昌澄
1965年神奈川県生まれ。早稲田大学政治経済学部卒。早稲田大学教授。専門は経済学史。

『経済学者たちの闘い（増補版）――脱デフレをめぐる論争の歴史』
東洋経済新報社、2013年。

「寄付をすると幸福になる」という研究

大竹　経済学をもう少し面白くするとか楽しくするというのは、そうできればいいとは思いますが、そもそも新古典派経済学は学んだ本人にとってあまり得にはならない学問です。どうしてかというと、新古典派経済学は合理的に計算できる人たちを前提にしているからです。世の中の人はみな賢いのだから、放っておいていい。唯一介入しなければならないのは、市場の失敗＊があるときで、そのときに賢い政府が介入したらいいというわけです。つまり、経済学を学んだからといって、自分の行動が変わるようなことはないのです。

ところが、その意味では行動経済学で状況はだいぶ違うようになりました。行動経済学では、学ぶことによって人間の経済行動や考え方も変わるということを前提にしているからです。極端な新古典派経済学では、人間は生まれたときから好みははっきりしていて、生涯そのまま変わらないから、その好みの人たちすべてが最も幸せになるような政策をどうしたらいいかを政府が考えるというものでした。しかし、好みも変わり、本人も考え方を変えてい

市場の失敗
独占・寡占、市場の不完備、情報の非対称性、外部効果などが原因で、市場メカニズムが働いていても経済的な効率的配分が達成されないこと。

くという世界になると、何が最もいい政策になるのかは逆に難しくなる。ただ、学ぶ人にとってみると、行動経済学は学びがいがある学問だと思います。企業もこうしたらより売り上げが上がるようになるとか、消費者もこうしたらより幸福になるというのがわかるようになる。

例えば、「寄付をすると幸福になる」という行動経済学の研究があります。実験参加者に集まってもらって、幸福度を計測します。そして、ある金額を実験参加者に渡して、半分のグループには「そのお金を人のために使ってください」と伝え、もう半分のグループには「そのお金を自分のために使ってください」と伝えました。その日の夜になって幸福度を聞くと、人のためにお金を使った人のほうが幸福だという結果が出たのです。事前には誰もそんなことは予想していない。つまり、そういう経験で人は変わっていくということを前提とすると、結構楽しい学問になっていくのではないかと思います。

竹中　「ルーカス批判*」という議論がありますね。例えば、私たちの所得が1パーセント増えるとこれだけ消費するようになるというパラメータ*が、実は過去の経験からつくられているので、経済政策を変化させることによる効

ルーカス批判
Lucas critique. 経済政策が変化した時の効果の予測を過去のデータに基づいて行うことは現実的でないとする議論。ロバート・ルーカス（Robert Lucas, 1937-）シカゴ大学教授のマクロ経済の政策決定に関する論文にちなむ。

果の予測をそれに基づいて行うことは現実的ではないとする議論です。行動経済学では、これについてどのような議論があるのですか。

大竹　いま所得が増えたとして、ケインズ経済学では所得が上がればその一定割合を消費するというモデルですが、今はたとえ所得が増えても将来税金が上がって生涯所得が増えないと認識すれば、人々は消費を増やさない、というのがルーカス批判であり、ディープパラメータ*を議論しなさいということだと思います。

一方、行動経済学では、実はそのディープパラメータも不安定かもしれないと考えます。寄付したら幸福になると誰も思っていなかったけれども、寄付してみたら幸福になった。そうすると、次からは喜んで寄付するようになる。つまり、最初はうれしいと思っていなかった利他的な行動が喜びに変わるわけで、それはディープパラメータも変わってしまったと言えるかもしれない。これが行動経済学と伝統的経済学との違いかもしれません。

竹中　なるほど。

パラメータ
parameter：統計学で母集団の特性を示す定数のこと。母数。

ディープパラメータ
deep parameter. 選好、技術、資本制約など個人の行動を支配し、政策によって変化しないと推測されるパラメータ。

経済学の大きな流れを見ると面白い

竹中　ところで、私が経済学とずっと付き合ってきて、「経済学ってやはり面白い」と思ったのは、『経済古典は役に立つ』*という本をまとめたときです。経済学では、需要曲線*や供給曲線*、無差別曲線など基本的なことを学ばなければならないのですが、この本では経済学の考え方の大きな流れをまとめました。

アダム・スミスは予定調和の社会、要するに、市場の「見えざる手」*を信じたわけです。その100年前にはトマス・ホッブズ*が『リヴァイアサン』*を書いて、人間は自ら持っている権利を国家にゆだねるべきだと主張していました。つまり、何か困難が起きたときには、分散型で対処するのかそれとも集中型で対処するのかという考え方がすでに200年から300年前からあったということです。

アダム・スミスの後にマルサスが出てきて、世界はバラ色の絵から絶望的な絵に変わる。そして、そうはいっても社会はそれほど悪くないと言われれば

『経済古典は役に立つ』
光文社新書、2010年。

需要曲線
demand curve. 需要量と価格の関係を表す右下がりの線。

供給曲線
supply curve. 供給量と価格の関係を表す右上がりの線。

見えざる手
市場における自由競争が最適な資源配分をもたらすということ。

トマス・ホッブズ
Thomas Hobbes（1588–

じめたとき、カール・マルクスが出てきて革命だと叫ぶ。その後、マルクスの予言ははずれたものの、大恐慌が起きてしまう。するとＪ・Ｍ・ケインズが、賢明な政府があれば大丈夫だと言う。要するに、２００年から３００年という歴史の流れを大雑把に見ると、そういう流れの中で、私たちは進化をしていることがわかり、その大きな流れがあらためて見えた瞬間に、これは面白いと思ったわけです。

大竹　なるほど。

竹中　例えば、社会の安定とか秩序をどう見るかを考える場合には、市場と政府とをどう組み合わせるかを考えることです。また、マルクスとケインズを対比するのはとても興味深く、マルクスは徹底的に下部構造を重視し、必然的に、弁証法的に世界が変わっていくと考えました。単純化していえば、下部構造というのは経済のことです。一方、ケインズは『一般理論』*末尾で、人間は誰もが経済学者や哲学者の思想の影響を受けているというようなことを書いています。つまり、上部構造が重要だということで、ケインズはたぶんマルクスを意識して書いたのでしょう。

1679）イングランドの哲学者・政治哲学者。人工的国家論の提唱と社会契約説により近代的な政治哲学理論を基礎づけた人物として知られる。

『リヴァイアサン』
Leviathan or the matter, forme and power of a common-wealth ecclesiasticall and civil. 邦訳：『リヴァイアサン１〜４』（水田洋訳、岩波文庫、１９８２年−１９９２年）など。

『一般理論』
The General Theory of Employment, Interest and Money,1936. 邦訳：『雇用・利子および貨幣の一般理論』（塩野谷九十九訳、東洋経済新報社、１９４１年）など。

上部構造（思想）か下部構造（経済）か、どちらが重要なのか、両方とも重要なのか、そういうことを考えながら経済学を学ぶと、経済学での議論の全体が見えてきて面白いということを伝える努力を、われわれ経済学者が若い人たちに対してしてみてもいいのかなと思いました。

大竹　そうですね。

竹中　私は政策議論するときに、「川を上れ、海を渡れ」とよく言います。「川を上れ」というのは、歴史から学べということです。歴史は単純には繰り返さないけれども、いくつかの重要な教訓を歴史から学ぶことはできます。「海を渡れ」というのは、海外の事例を参考にしなさいということです。海外にはいろいろな経済事象があり、さまざまな実証研究もあり、新しい政策の実験も行われている。そういうことがもっと活発に見えるような授業をわれわれはしなければいけないと思います。

大竹　現在の世界を今の視点で見ると同時に、もっと長い目で見て、その動きを説明する。その両方ができるというのが、おそらく経済学の強みであり、直感とか常識だけでは見えないところを、見えるようにできる。その面白さを伝えることができるように、経済学者は頑張るべきでしょうね。

日本の経済界で圧倒的な人気を誇る経済学者シュンペーター

竹中　ところで、マルクス、ケインズと並んでもう一人紹介しなければならないのはＪ・Ａ・シュンペーター*ですね。シュンペーターの本は日本の経済界の人には圧倒的な人気があって、ほとんど毎年重版されている本もあるようです。シュンペーターの主要な著書は非常に難解なドイツ語で書かれていますが、幸いにして、ほとんど日本語訳がある。それは、東畑精一*先生と中山伊知郎*先生がボン大学でシュンペーターの教え子だったからです。

実は、シュンペーターの著書『資本主義・社会主義・民主主義』の手書き原稿とタイプ原稿が日本にあるというのはご存知でしたか？

大竹　いいえ。知りませんでした。

竹中　三重県立図書館にあるそうです。

J・A・シュンペーター
Joseph Alois Schumpeter（1883-1950）オーストリア生まれの経済学者。企業者の不断のイノベーションによる経済変動理論を構築。

東畑精一
１８９９-１９８３年。三重県松阪市生まれ。アジア経済研究所所長、税制調査会会長などを歴任。主著：『日本農業の展開過程』岩波書店、１９３６年。

大竹　そうなんですか。

竹中　東畑先生が三重県出身で、シュンペーターの死後、夫人から形見として贈られたものを三重県立図書館に寄贈したコレクションの一つなのです。オーストリア＝ハンガリー帝国（現在のチェコ）で生まれたシュンペーターは、ボン大学教授やオーストリアの財務大臣などを歴任した後、アメリカのハーバード大学に行くのですが、コネチカット州タコニックに山荘を持っていました。私は留学時代、タコニック・ハイウエーのすぐ裏に住んだことがあって、ひょっとしたらこのあたりをシュンペーターは通って、山荘に行っていたのかとか感慨にふけった記憶があります。

シュンペーターは資本主義の力の源泉はどこにあるかと問い、「イノベーション」*という答えを出したわけですが、シュンペーターの議論で面白いと思うのは、確かにイノベーターは重要だけれど、リスクの最後の引き受け手は銀行家（フィナンシエ）だと言っている点です。例えば、大航海時代にキリスト教世界の白人として初めてアメリカ大陸に到達したといわれるコロンブス*に出資したのは、スペインのイサベル*女王でした。つまり、イサベル女

中山伊知郎
1898−1980年。三重県伊勢市生まれ。理論・計量経済学会初代会長、中央労働委員会会長、日本ＩＬＯ協会会長などを歴任。『中山伊知郎全集』講談社、1972−1981年。

イノベーション
Innovation. 新しいアイデアから新たな価値を創造し、社会的に大きな変化をもたらす自発的な人・組織・社会の変革のこと。

コロンブス
Christopher Columbus

王がリスクを引き受けたわけです。

つまり、リスクの引き受け手がいるなかで、新結合*でイノベーションが生まれ、それが資本主義のダイナミズムだというのがシュンペーターの議論です。したがって、「不況はお湿り」であり、不況があるから資本主義は強くなるという。不況のときに悪いものが淘汰されていくという、今の日本社会にも通じるような名言をいろいろ残していると思います。「資本主義は成功のゆえに失敗する」というのも、成功体験にとらわれて新しいことができなくなっている今の日本経済に当てはまるものです。

大竹　イノベーションは日本経済にとって非常に大事なんですが、エドワー*ド・ラジアーという労働経済学者の研究によれば、起業するのは30代がベストだという。なぜかといえば、イノベーティブな考え方は若ければ若いほどいいけれども、ビジネスのスキルとかファイナンスに関しては多少年数が必要になる。そのベストミックスが30代だということです。そういうことで言うと、高齢化が進んで若者人口が減っている日本は、イノベーティブな人たちが減っていくということですから深刻な問題だと思います。それに、高齢

（1451–1506）イタリア・ジェノヴァ出身の探検家・奴隷商人。キリスト教世界の白人として最初にアメリカ海域へ到達。

イサベル女王
Isabel I de Castilla（1451–1504）トラスタマラ朝のカスティーリャ女王（在位：1474–1504）。

新結合
new combination. 経済活動の中で生産手段や資源、労働力などをそれまでとは異なる仕方で結合すること。イノベーション。

エドワード・ラジアー
Edward P. Lazear（1948–）アメリカ ニューヨーク生まれ。ハーバード大学Ph.D.。スタンフォード大学経営大

化で管理職ポストを高齢者が占めるようになると、若者が管理的技能を身に付けることが難しくなる。

竹中　おっしゃるとおりですね。

人物を通じて「経済」を教えることがあってもいい

竹中　シュンペーターについてもう少し言うと、彼は1931年に日本に来ていて、鎌倉の大仏の前で撮った写真が有名ですが、その時に一橋大学に来て講演しています。『経済発展の理論』を書いたのは29歳の時で、若いころは天才的で傲慢な学者だったようですが、ハーバード大学では偉大な教師だったと言われています。例えば、教え子の一人であるワシリー・レオンチェフ*と一緒に作った産業連関表*を1936年に彼の授業で発表させた時に、「きょうの授業は歴史に残る授業になる」と言ったという逸話が残っています。しかし、その同じ年にイギリスでケインズが『一般理論』を刊行して、経済学界にいわゆるケインズ旋風が吹き荒れると、ポール・サミュエルソン*

学院教授。

ワシリー・レオンチェフ
Wassily Leontief（1905–1999）ドイツ生まれのソ連の経済学者。1973年ノーベル経済学賞受賞。

産業連関表
一国経済において一定期間（通常1年間）に行われた財・サービスの産業間取引を一つの行列（マトリクス）に示した統計表。

ポール・サミュエルソン
Paul Anthony Samuelson（1915–2009）アメリカの経済学者。「新古典派総合」の提唱者。1970年ノーベル経済学賞受賞。

をはじめとする教え子の若い経済学者たちは、ほとんどみなケインズ経済学に流れていってしまった。それで「失意の経済学者」とも「孤高の経済学者」ともいわれています。

また、第二次大戦終了間際にアメリカが日本に原子爆弾を落としたとき、彼は烈火のごとく怒ったという話も伝わっています。シュンペーターはいわば異色の経済学者であり、日本人がなじみを感じる経済学者だと思います。

ところで、シュンペーターについて長々と話しましたが、私は人物を通じて「経済」を教えるということも重要だと思っています。なぜかというと、NHKの番組『課外授業　ようこそ先輩』*で、出身校の和歌山市立吹上小学校に教えにいったことがあったからです。その番組への出演依頼があったとき、はたと困りました。小学生に経済をどう教えたらいいだろうか。「金利」と言ってもわからないだろうし、ましてや需要・供給とかGDP*など、なおさらわからない。どうしようといろいろ悩んだ結果、和歌山出身の松下幸之助*翁の話をしました。松下幸之助がお金持ちだということは小学生でも知っている。では、松下幸之助はなぜ成功したんだろう。それは人に喜ばれ

『課外授業　ようこそ先輩』
各界の著名人が母校を訪れ、個性を生かしたユニークな授業を展開するNHKの番組。1998年スタート。

GDP
Gross Domestic Product. 国内総生産。一定期間内に国内で生み出された付加価値の総額。

松下幸之助
1894-1989年。松下電器産業（現・パナソニック）を一代で築き上げた経営者。

るものを作ったから。だから売れて儲かった。それが需要だというような話をした記憶があります。

つまり、一人の人物を通して経済を語るというような工夫も、経済学の社会教育の一環としてあってもいいのではないかと思います。

社会科学的な発想を きちんと歴史で教えてこなかったのは事実

大竹　そうですね。人に焦点を当てるということで言えば、最近のアメリカの経済学の教科書の中でも、この研究を始めた人として写真入りで紹介するようなケースも出てきています。行動経済学でいえば、重要な概念を提唱したリチャード・セイラー*とかダニエル・カーネマン*、そしてハーバード大学のマシュー・ラビン*など、何人かが写真入りで紹介されたり、コラムでその概念をわかりやすく説明したりしています。
こうしたことは大事だと思います。自然科学系でも何かを発見した人を写

リチャード・セイラー
Richard H. Thaler（1945－）
アメリカ・ニュージャージー州生まれ。ロチェスター大学Ph.D.。シカゴ大学教授。2017年ノーベル経済学賞受賞。

真入りで紹介するということはよくある。そういうのは身近な感じがする。自然科学にしても経済学にしても、こういう人たちが作ってきたということがわかると、自分も作れるかもしれないと感じるので、それは工夫してみたほうがいいかもしれません。

竹中　教科書といえば、日本の歴史教育の最大の問題は、教科書が薄過ぎることですね。私がアメリカにいたとき、当時中学生だった娘の歴史の教科書を見ましたが、歴史の流れが書いてあってとても面白く、しかもかなり分厚い。日本の歴史の教科書は、何年に何があったという年表みたいな話しか出てこない。なぜ大化の改新が起きたのかとか、その結果として単一国家が生まれるわけですが、その後なぜ武家社会になったのか、そういうことをきちんとしたロジックで説明するということがほとんどなされていません。

大竹　今、カリキュラム改革をやっていて、竹中さんがおっしゃったように高校の教科書を変えるという話になっています。

竹中　そうですか。

大竹　それから歴史は近代史から始まる。それは何年に何が起きたかという

ダニエル・カーネマン
Daniel Kahneman（1934–）
パレスチナ・テルアビブ（現イスラエル）生まれ。カリフォルニア大学バークレー校Ph.D。プリンストン大学名誉教授。２００２年ノーベル経済学賞受賞。

マシュー・ラビン
Matthew Rabin（1963–）
マサチューセッツ工科大学Ph.D.。ハーバード大学教授。

ことを基礎として、そのうえで、竹中さんがおっしゃるとおり因果関係みたいなものも、完全にはわからないにしても、どうしてこの事件が起こったのかを考えさせるようなタイプのカリキュラムにするということで合意はありますが、ただ、実際にどうなるかはわかりません。

竹中　そうですか。

大竹　いずれにしても、なぜそうなっているのかという社会科学的な発想をきちんと歴史で教えてこなかったのは事実なので、それを取り込んでいかなければならないというように教育界も変わりつつあります。

竹中　それはぜひやっていただきたいですね。

あとがき

長年にわたって、経済学と経済政策に関わる仕事をしてきました。この間の自分自身の生活と問題意識を振り返りながら、経済問題に関する思いを述べる機会を、本書の対談でいただきました。対談相手の大竹文雄さんは、私より10歳年下ですが、まさにいま日本の経済学研究と政策研究の中核を担っています。私自身、さまざまな刺激をいただきながら、興味深い議論ができたと思っています。対談を終えて、これからの日本の経済論議をリードするのはまさに大竹さんのような方だと、あらためて実感しました。

いろいろな方から、よく質問を受けます。「経済学は役に立ちますか？」と。私が30歳になったばかりでハーバード大学に留学しているとき、ある日本の著名な経済学者が大学を訪問しました。その時、ハーバードの第一線の経済学者に「経済学は役に立つか」という問い掛けをしたのだそうです。後からそのアメリカ人の学者から聞いたのですが、非常に不思議な質問だと感じたのだそうです。そんなことを考える暇があったら、現実の経済の何が問題か、経済学が役に立つようにするにはどのような研究を進めればよいのか、考えればいいではないか……彼は私にそう言いました。

日本の経済論壇では、実際に経済がどうなるか、企業や消費者はどう対応すべきか、政策をどうすべきか、という議論が必ずしも健全に行われているようには思えません。それよりも、経済学は役に立たないとか、資本主義が終焉するとか、一見壮大で、しかし現実とかけ離れた議論が好まれるようです。しかし重要なのは、社会の問題は何かを明確にし、その現実的な解決策に知恵を絞ることのはずです。壮大な設問を問うのはもちろん重要なのですが、それは現実の問題をいかに解決するかという作業の積み重ねがあって、はじめて成り立つことだと思います。

幸か不幸か私自身、政府の経済政策の責任者として仕事をする、という機会を与えられました。その時、二つのことを強烈に感じました。

第一は、経済学的な考え方は間違いなく役に立つということです。政治や官僚のリーダー、そして経済界のトップの方と議論していても、経済学のリテラシーを身に付けた人とそうでない人の間には、明らかに大きな差が出ます。経済学の最新の理論や実証研究は専門家が担うべき問題ですが、少なくとも経済学的な考え方、つまり経済学のリテラシーを持つことは、人生を生きていくうえでもきわめて重要なことだと思います。

この点に関連して気づいたのは、グローバルに活躍しているアメリカやヨーロッパのリーダー（例えば、ダボス会議に参加するようなリーダーたち）は、政治家であれ政治学者であれ、またビジネスリーダーであれ、しっかりとした経済学のリテラシーを備えているという点です。最先端の技術を駆使するような世界的なベンチャーの創業者にも、同じことが言えると思います。

第二の発見は、（経済学は役に立つけれども）現実の政策と経済学の間には大きな「隙間」があるということです。実際の政策を決めるには政治的な過程を経なければなりません。国民の支持が必要で、その意味で大衆心理も無視できません。そして、具体的な政策の実施はきわめて細かな法的手続きの積み重ねですので、そうした面での知識や経験も必要です。これらを無視して、白地のキャンバスに理想的な絵を描くように行う経済分析は、長期的に得るところはあるにしても現実の政策論としては十分役に立たないのです。

このことは、長年にわたって日本の多くの経済学者が、政治や幅広い社会問題に対し、あまりにも無関心でいたということを意味しているのかもしれません。もちろんこれは、日本の労働市場がきわめて硬直的で、学者は学者、官僚は官僚、ビジネスマンはビジネスマンとして、それぞれの間の移動がきわめて少ない環境に置かれていた、ということにも関係しています。

いずれにしても、役に立つはずの経済学をもっと役に立つように、またそれができる人材が育つように、新しい道を模索しなければなりません。

ところで、政策を考える際の最近のキーワードとして、シビリティ（civility）、という表現があります。「節度・礼節」という意味ですが、アメリカのあるコミュニケーション会社の調査結果によると、アメリカ人の95パーセントはcivilityに問題があると認識しており、74パーセントがここ数年でcivilityが低下したことを指摘しているのです。そして政策に関する問題で、全体の76パーセントの人々が、incivility（礼節の欠如）が有効な政策論議を妨害していると認識しています。言うまでもなくこれは、トランプ政権の誕生と関連しています。

トランプ氏はツイッターで、一方的で扇動的な発言を繰り返しています。経済学的なエビデンスに基づいて政策を真摯に議論する姿勢はまったく欠如しています。また、相手の主張に耳を貸しつつ建設的な議論をするという基本的なマナー（礼節）も見られません。しかしこうした姿勢が、今の社会に不満を抱えている人々の共感を呼び、現体制に対し心情的に反発する社会的な流れを生み出したのです。

ここでいうcivilityを経済政策に置き直すなら、まさしく経済学的に正統に考える、ということでしょう。『ニューヨーク・タイムズ紙』のコラムニストでもあるポール・クルーグマン教授は、「貧しい人たちはトランプを支持したが、彼らの生活はより貧しくなるだろう」と警告しています。そうした現実を横目に見ながら、私たちは日本の経済政策をより良いものにしていかねばなりません。これまでの経済学の成果をしっかり役立てつつ、さらにこれを発展させ、より多くの人々が経済リテラシーを身に付けることが期待されます。

あらためて、対談を通して経済学研究のメインストリームにおられる大竹文雄氏から多くの知的刺激をいただいたことに感謝申し上げます。また私の長年の友人でもあり、本書の企画・とりまとめに尽力いただいた堀岡治男氏に、心からお礼を申し上げます。

竹中平蔵

竹中平蔵（たけなか へいぞう）

1951年和歌山県和歌山市生まれ。一橋大学経済学部卒。博士（経済学）。大蔵省財政金融研究室主任研究官、大阪大学経済学部助教授、ハーバード大学客員准教授、慶應義塾大学総合政策学部教授などを経て、東洋大学国際学部教授・慶應義塾大学名誉教授・アカデミーヒルズ理事長・株式会社パソナグループ取締役会長。経済財政政策担当大臣、金融担当大臣、参議院議員、総務大臣・郵政民営化担当大臣、未来投資会議メンバーなどを歴任。

大竹文雄（おおたけ ふみお）

1961年京都府宇治市生まれ。京都大学経済学部卒。大阪大学大学院経済学研究科博士前期課程修了。大阪大学博士（経済学）。大阪府立大学経済学部講師、大阪大学社会経済研究所助教授などを経て、大阪大学社会経済研究所教授。大阪大学理事・副学長、内閣府税制調査会特別委員、文部科学省中央教育審議会専門委員（初等中等教育分科会）などを歴任。

ブックデザイン　長谷川 理
写真　宗野 歩
企画・編集　堀岡治男（堀岡編集事務所）

経済学《けいざいがく》は役《やく》に立《た》ちますか？

2018年1月31日　第1刷発行

著者――竹中平蔵《たけなかへいぞう》　大竹文雄《おおたけふみお》

発行者――千石雅仁

発行所――東京書籍株式会社
東京都北区堀船2-17-1
郵便番号　114-8524
電話　03-5390-7531（営業）
03-5390-7512（編集）
URL＝ https://www.tokyo-shoseki.co.jp

印刷・製本――図書印刷株式会社

ISBN 978-4-487-80851-9 C0095

＊本書に掲載した情報は2017年12月現在のものです。